ÖDIPUS SUITE

ÖDIPUS SUITE

EIN KULTURBEITRAG

PETER FRITZ WALTER

Published by Sirius-C Media Galaxy LLC

Business Filings Incorporated

108 West 13th St., Wilmington, DE 19801, USA

Set in Avenir Light and Trajan Pro

Designed by Peter Fritz Walter

ISBN 978-1-987510-33-1

Publishing Categories
Psychology / Social Psychology

Publisher Contact Information
publisher@sirius-c-publishing.com
http://sirius-c-publishing.com

Author Contact Information
pfw@peterfritzwalter.com

About Dr. Peter Fritz Walter
http://peterfritzwalter.com

Über dieses Buch

'Ödipus Suite: Ein Kulturbeitrag' ist trotz alles philosophischen Tiefgangs ein Selbsthilfe-Essay. Selbsthilfe ohne Bewusstmachung der kulturellen Strukturen, in die unser Leben eingebettet ist, kann nicht überzeugen. Menschliche Größe kann nicht erreicht werden, indem wir uns über die Kultur hinwegsetzen, sondern indem wir die Kultur, die wir internalisiert haben, hinterfragen und bewusst machen.

In diesem Sinn hat der Autor fünftausend Jahre Patriarchat metikulös untersucht, um die Grundstrukturen der Gewalt und der emosexuellen Aberrationen herauszufinden, die so bezeichnend sind für unsere Mordkultur. Er zeigt dies an alten Sagen auf, die er psychoanalytisch untersucht hat, wie zum Beispiel der Ödipus Sage, der Sage von Narziss und der von Orest.

Hinausgehend über die Psychoanalyse Sigmund Freuds, zeigt der Autor, dass diese Sagen im Grunde miteinander verknüpft sind und nicht isoliert untersucht werden können bei der Wahrheitsfindung. Man könnte dieses Essay auch als einen Abriss der Psychoanalyse ansehen, wenn es nicht die Theorien Freuds in ihrem Grundansatz schärfstens kritisierte, vor allem seine Theorie vom Ödipus Komplex und der infantilen Sexualität.

Der Autor vertritt die Anschauung, dass Freuds Ideen zur merkantilen Versklavung des neuzeitlichen Konsumkindes entscheidend beigetragen haben, weil Freud das Kind gleichsam einmauerte in die ödipalen Dramatik, die eine unmittelbar kulturelle Dramatik ist, jedoch mit der wahren Natur der Kindersexualität recht wenig zu tun hat.

Hinausgehend über eine philosophisch-analytische Studie trägt sich der Autor als Jurist in diesem Essay mit sozialpolitischen und forensischen Erwägungen, um das Thema Sexualität und Gewalt einmal von einer ganz anderen und für die meisten Menschen eher ungewöhnlichen Perspektive zu beleuchten.

Dies führt dazu, die Doppelbödigkeit der aktuellen Debatte über sexuelle Moral zu enthüllen und einen neuen und originellen Ansatzpunkt für Strafrechtsreform zu begründen.

INHALT

Vorwort

Mord an der Liebe

Diese Schrift ist ein Beitrag zur Aufrechterhaltung wahrer Kultur und der Hervorbringung eines Zustandes, den man gemeinhin Weltfrieden nennt.

Damit ist nicht gemeint, die Welt in Frieden zu bringen, denn sie ist in Frieden, sondern den Menschen als Teil dieser Welt.

Das einzige Geschöpf auf Erden, das in Unfrieden, Chaos, Gewalt und Krieg lebt, ist der Mensch. Unsere großen und heiligen Religionen haben daran nicht einen Deut geändert. Sie haben es nur schlimmer gemacht.

Die Natur hat ein Friedenssystem eingebaut ins Leben. Und die Religionen haben es zerstört, und damit eine Kultur gegründet, die *Scheinkultur* nenne, und die es bis heute ist. Diese Scheinkultur, welche ich aus guten Gründen *ödipale Kultur* nenne, ist eine Mordkultur. Sie hat unzähliges Leid gebracht für Mensch, Tier und Mutter Erde, da sie keinerlei Respekt vor dem Femininen hat, welches auch dem Maskulinen innewohnt, weil es eine universale Energie darstellt.

Der Mensch hat dies verleugnet, wie er die Natur als solche verleugnet und verunglimpft seit etwa dem Beginn des Patriarchats, vor fünftausend Jahren. Vor dieser Zeit, wie wir von neueren Forschungen wissen, hat der Mensch wohl im Einklang mit der Natur gelebt und war nicht gewalttätig; er wurde dies erst später, mit dem Beginn des Patriarchats und der grossen Religionen. Dies wissen wir auch von anthropologischer Forschung her, seit dem Beginn des zwanzigsten Jahrhunderts. Die meisten Eingeborenenvölker leben in Einklang mit der Natur. Sie haben wohl kleine Stammeskriege, aber nichts im Stile neuzeitlicher Massenmorde und Holocausts, nichts im Stile systematischen Völkermords, nichts im Stile der Massenpersekutionen, Folterungen und Hinrichtungen des Mittelalters, und derjenigen, die jetzt wieder im Schwange sind, nichts im Stile der beiden Weltkriege, die Millionen Menschen das Leben kosteten und die Wirtschaftssysteme ganzer Staaten ruinierten.

Die Antwort auf die Frage, warum der Mensch nicht in Frieden lebt, ist nicht schwierig zu beantworten. Hingegen ist es sehr wohl schwierig und komplex, von der Situation wie sie sich nun darbietet, radikal Abstand zu nehmen und zurückzukehren zu einem wirklichen Schwingen mit der Natur, das auf einem spirituellen und ökologischen Verständnis des Lebens beruht.

Weder unsere Wissenschaften, noch unsere Päpste werden uns viel helfen bei diesem Wendepunkt, und eines ist sicher, es wird unser letzter sein in der Geschichte des Menschen; denn es wird keine Geschichte des Menschen mehr geben, wenn diese fundamentale Kehrtwende nicht statt findet! Mit dem angesammelten Waffenpotential kann unsere Erde nun ein paar tausend Mal in die Luft gejagt werden; abgesehen davon, selbst wenn diese Waffen—was sehr unwahrscheinlich ist—nicht benutzt werden sollten, so bedarf es ihrer nicht einmal! Die ökologische Situation des Erdballs ist so katastrophal, dass es genügt, angesichts dieser Probleme die Hände in den Schoß zu legen; dies wird hinreichend sein, um die menschliche Rasse und mit ihr alle anderen Rassen zum endgültigen Aussterben zu bringen. Es ist denn hier auch lediglich eine Frage der Zeit, da die einmal gesetzte Gangart, die auf der Ausbeutung der Natur beruht, zum Ruin führt.

Und die großen Weisen wie Jiddu Krishnamurti, die viele von meiner Generation noch persönlich gekannt haben, und in die man so viel Hoffnung setzte, haben auch keine Lösung gefunden.

Wie weit ist es her mit Krishnamurtis sogenannter *psychologischer Revolution*? Das war auch eine Scheinlösung neben so vielen anderen, denn die Lehre des Weisen ist nur einer Minderheit bekannt, weniger als einem Promille der Weltbevölkerung, und von denen haben sie nur eine Handvoll wirklich verstanden.

So ist denn theoretisch betrachtet der Weg klar. Es ist der Weg zurück zur Natur, der Weg, die Natur zu respektieren und die Natur in uns Menschen, statt sie zu verleugnen und es paranoiden Religionen zu überlassen, sie zu 'regulieren' nach dem Rezept ihrer *heiligen Bücher*. Dieses Regulieren hat uns Menschen in die gefährlichste Kreatur verwandelt, die der Erdboden je zu ertragen hatte. Denn die Verleugnung des Verlangens, der sinnlichen Freude, und des Hautkontakts, den all die großen Religionen, einschließlich des oft als Friedensreligion gepriesenen Buddhismus predigen, ist wirklich das Rezept zur Vernichtung des Lebens auf Erden.

Es sind *Todesreligionen*, denn ihre sozialen Paradigmen sind eindeutig und ohne Ausnahme gegen das Leben, und gegen die Lust gerichtet. Leben ist Lust, das ist nun einmal so, und dies wurde nun auch wissenschaftlich bewiesen. Ohne Lust gibt es kein Leben, weil es keine Fortpflanzung gäbe.

Die einzigen Ausnahmen vom religiösen Wirrwarr sind die Religionen der Eingeborenen wie die Huna Religion der Ureinwohner Hawaiis, der Kahunas, und die ähnlichen Religionen der nordamerikanischen Indianervölker, wie zum Beispiel der Tsalagi (Cherokee) und der Hopi.

Diese Religionen sind weder ideologisch, noch autokratisch, noch bilden sie monolithische Glaubenssysteme. Huna ist nach den Forschungen von Max Long und Erika Nau bekannt als *wissenschaftliche Religion*; sie hat die Lebensenergie erforscht und einen Wissensschatz gebildet, der der westlichen Wissenschaft bis vor kurzem noch weit überlegen war. Auch dem täglichen Leben gegenüber hat Huna einen funktionalen, nicht-moralistischen und wissenschaftlichen Ansatz.

Allerdings haben diese Religionen keinen nennenswerten Einfluß gehabt auf die Massen der großen Zivilisationen, wiewohl heute Intellektuelle und spirituelle Sucher im Westen Eingeborenenreligionen studieren, und insoweit durchaus auch zu einem besseren und spirituelleren Lebensparadigma gelangen.

Ich spreche in diesem Zusammenhang von einem *Mord an der Liebe* und dies ist für mich der integrative Kleiderbügel, unter den ich meine gesamte Friedensforschung subsumiere. Wenn es uns gelingt, diesen Mord rückgängig zu machen und Liebe als die universelle Richtschnur unseres Lebens und unseres Zusammenlebens machen können, sind wir wieder auf dem Weg des Lebens, und haben den Weg des Todes, den wir als Weltbevölkerung seit langem eingeschlagen haben, verlassen.

Es ist schon erstaunlich, wenn ein Thema aus so vielen verschiedenen Blickrichtungen heraus von Forschung und Praxis analysiert, bewusst gemacht und diskutiert wurde, und dann dennoch keinen Eingang fand in die Massenmedien, noch in irgendeine politische Agenda irgendeines Landes der Welt.

Es gehört schon böser Wille und kriminelle Arroganz und Ignoranz dazu, dass so etwas möglich ist. Und es kann dabei sicher nicht am Zugang zu den Fakten liegen, denn die hier nachfolgend besprochenen Forschungen von Alice Miller, Herbert James Campbell, Bronislaw Malinowski, Ashley Montagu, Wilhelm Reich und James W. Prescott, um nur diese wenigen hier zu nennen, sind durch die Bank auf dem Internet frei publiziert, und das sowohl in englischer als auch in deutscher Sprache.

Einleitung

Das ödipale Drama

Seit langem trage ich mich mit der Idee, ein Phänomen zu analysieren, das in unserer Kultur kaum in seiner problematischen Dimension erkannt wurde.

Es betrifft die Generation derjenigen, die während des Babybooms der 60er und 70er Jahre geboren wurden—und die daher kaum oder überhaupt nicht gestillt wurden als Säuglinge! Ich bin einer von ihnen.

Wir waren als Kind die Opfer stringenter taktiler und sensueller Deprivation, denn eine lebensverneinende und ignorante Pädiatrie verordnete autoritativ, dass Eltern im wahrsten Sinne des Wortes ihre Finger vom Kinde zu lassen haben. Während das affektive Kontinuum die Kohabitation von Kindern mit ihren Eltern als den natürlichen Zustand ansieht, verbot die Pädiatrie das nun und dämonisierte solches Verhalten als unnatürliches 'Verwöhnen' des Kindes, wenn nicht gar im Zuge neuer Forschungen über emotionalen Kindesmissbrauch natürlicher Körperkontakt zwischen Eltern und Kindern als 'verdeckter Inzest' angesehen wurde.

Ich möchte in dem Zusammenhang nur auf die wichtige Studie von Jean Liedloff hinweisen, die den Titel trägt, *Das Kontinuum Konzept: Auf der Suche nach dem Verlorenen Glück (1977/1986)*, denn sie wurde genau zu dieser Zeit veröffentlicht. Dieses Buch hat denn auch einen Wendepunkt markiert, denn es zeigt mit gewichtigem anthropologischem Hintergrund, dass die westliche Kultur ganz klar in den Abgrund steuert mit ihrer berührungsfeindlichen Kindererziehung.

Dieses naturfeindliche Erziehungsparadigma war natürlich *Made in USA*, wie so ziemlich aller neuzeitlicher Irrsinn, der nun vom Westen weltweit exportiert wird. Es wurde denn auch geflissentlich übernommen und ideologisch integriert in Kulturen wie Großbritannien, Australien, Deutschland oder Frankreich, wiewohl es nur in minderem Maß in Italien, Spanien oder Griechenland Fuss fassen konnte, weil diese Kulturen traditionell eine positiv-sensuelle Kindererziehung pflegten.

Die Mittelmeerkulturen haben Sensualität und positive Berührung in der Eltern-Kind Beziehung niemals verdammt, und sie sind denn auch erotisch intelligenter als die meisten angelsächsischen Kulturen, in denen seit vierhundert Jahren lebensfeindlicher Puritanismus den Ton angibt ...

Noch heute wird Dr. Benjamin Spocks *Handbuch der Säuglingspflege* gut verkauft, obwohl es klar ist, dass dieses Buch die ehernen Prinzipien natürlicher Kindererziehung verrät und verkauft!

Der Zufall will es, dass es auch in der bekannten Fernsehserie *Raumschiff Enterprise* einen Dr. Spock gibt, der mit dem gleichnamigen Arzt und Verfasser des Buches nicht wenig gemein hat. Beide plädieren sie für die Priorität und Superiorität des Intellekts und machen emotionale Intelligenz herunter, oder spotten gar darüber.

Das Skript des Filmes erklärt, dass die Vulkaner sich als 'zu emotional' bezeichneten, und dass diese starke Emotionalität viele Probleme in ihrem Leben, ihren politischen Angelegenheiten und in ihren Beziehungen hervorgebracht habe.

Als ein Resultat dieser Analyse haben sie nach einem Gegenmittel gesucht für ihre zu spannungsreiche Emotionalität. Die Frage ist denn auch, ob rein logische Denkfähigkeit die Intelligenz des Körpers überhaupt nur erfassen oder erahnen kann? Ganz offenbar doch nicht, denn es handelt sich um zwei verschiedene Ebenen, in welchen sich menschliche Intelligenz manifestiert. Aber die Lösung der Vulkaner war eben ein Konzept, das auf mentaler Gehirnwäsche beruhte.

Sie dachten simplistisch. Ursache und Wirkung. Wir sind zu emotional, also müssen wir weniger emotional sein, also müssen wir rationaler sein. Sie entwickelten also einen Lebensstil, der dem der alten Spartaner sehr ähnlich war, und welche Rationalität als den höchsten Wert setzt.

Diese Orientierung, obwohl sie doch eine Faust war ins Gesicht der Frau und der Feminität, positionierte den Intellekt als die ultimative Kontrolle über Emotionalität. Dies fand dann natürlich auch Ausdruck in der Körpersprache. Gesichtszüge, und die gesamte Kommunikation, verbal oder nonverbal, drückt diese Einstellung klar aus.

Die Sprache der Vulkaner ist kurzangebunden und scharf, Bemerkungen sind zielgerichtet, Empathie ist eine von höflicher und kalkulierter Zurückgezogenheit, Kritik ist scharf und brillant. Spocks ganze Erscheinung lässt es schnell offenbar werden, dass er intellektuell jeden in der Umgebung aussticht, einfach deswegen, weil er seine natürliche Verletzbarkeit vollkommen verleugnet und durch eine gekünstelte Überheblichkeit ersetzt.

Aber solches Gebaren kennen wir sehr wohl auch unter uns Menschen! Es ist genau das Gebaren des ödipalen Helden, über das ich in diesem Essay reden werde. Wie man sich gibt, wie man sich verhält, ist immer Ausdruck einer Gestalt, und als solches reich an Signalen.

Ich möchte nun hier beginnen und dies als den Anfangspunkt setzen für meine Untersuchung, was eigentlich ödipale Kultur bedeutet, und welche Rolle der ödipale Held in dieser eigenartigen Geschichte spielt.

Ich möchte dabei erhellen, was es eigentlich mit dem *Ödipus Drama* auf sich hatte, das bekanntlich von Sigmund Freud als eine Metapher für die psychosexuelle Entwicklung des Kindes geprägt wurde.

Um es vorweg zu sagen, habe ich nicht nur allgemeine, sondern ganz spezifisch begründete Einwendungen gegen Freuds Theorie, über die ich verschiedentlich publizierte. Allerdings gehe ich über Freud hinaus. Ich gehe auch über Ödipus hinaus. Ödipus war nicht der Anfangspunkt der Menschheitsgeschichte. Er war eher der Anfangspunkt des *Untergangs* der Menschheitsgeschichte.

Das Drama begann vor Ödipus' Geburt. Sein Vater bekam das eigenartigste Orakel, das man sich denken kann: dass er von seinem eigenen Sohn umgebracht werden würde. Der Mann war natürlich entsetzt und setzte das Baby auf einem Berg aus.

Aber ein Hirte fand es dann und nahm es mit, und durch seine gute Tat landete das Kind, wiederum durch die Verkettung von Umständen, in einer königlichen Familie in Korinth, wo es wohl hingehörte, da es ja selbst von königlichem Blut gezeugt war.

Das furchtbare Schicksal war, dass König Laius, um dem fatalen Orakel zu entgehen, es geradezu in Gang setzte. Nun, das ist eine Betrachtungsweise. Eine andere würde sagen, es wäre ohnehin erfüllt worden, was auch immer er getan hätte.

Aber das wissen wir nicht. Und Spekulation hilft uns nicht. Es war wie es war. Er wollte das Schlimmste verhindern und gab das Kind auf. (Es wäre wohl interessant, eine Umfrage zu starten, wie viele Menschen so gehandelt hätten wie er in dieser Situation, und wie viele etwas anderes getan hätten — und was?)

Ich möchte es einmal so formulieren. 'Und was ist die Moral von der Geschicht?' 'Die Moral ist, dass es keine Moral gibt.' Anders ausgedrückt, nicht Moral lässt Menschen richtig handeln, sondern Liebe! Ein liebender Vater hätte sich nämlich gesagt, na ja, also wenn das so ist, dann werde ich das Kind aufziehen und dann sehen, ob es das wirklich tut? Sollte mich doch der Teufel holen, wenn ich einen Sohn liebevoll aufziehe und er mir dann den Garaus macht? Wenn das der Fall sein wird, dann sind alle kosmischen Gesetze falsch. Also lass uns das einmal herausfinden …

Die Wahrheit ist eben, dass es *Angst* ist, die uns falsch handeln lässt, während Liebe richtig handelt. Und wo Angst ist, kann Liebe nicht sein.

Was erzeugt Angst? Liebesverbote. Was ist die Ursache von Flüchen wie dem, der auf dieser Familie lag? Es ist die Ursache von patriarchalischem Wahnsinn, der in Kategorien denkt, die sehr fern sind von Liebe, weil sie voller Gewalt sind, und voller Tradition. Und Tradition, im Patriarchat, ist eben Gewalt!

Eine psychologische Interpretation der Sage lässt uns erahnen, was Karma eigentlich wirklich bedeutet.

Um es vierkantig zu sagen: niemand bekommt fatale Weissagungen, wenn er nicht Dreck am Stecken hat! Also, wer hat das schlechte Karma? Der Vater, vor allem. Hier ist der Schlüssel zur Moral der Geschichte. Wir haben hier einen Vater und einen Sohn. Jeder sagt, der Sohn ist schlecht, aber der Fluch wurde durch den Vater in Gang gesetzt, nicht durch den Sohn! Kein Fluch kommt von nichts. Karma ist Ursache und Wirkung.

Und hier sind wir dann am Urgrund dessen angelangt, was ich den *Ödipalen Helden* nenne. Er ist der Retter seiner Eltern. Indem er sie von ihrem Unglück rettet, von ihrem Familienkarma befreit oder von ihrer Verzauberung erlöst oder ihrem Narzissmus, und ob er dies nun bewusst oder unbewusst tut, er kreiert damit Karma. Und diese seine Mission, seine Eltern zu retten, ist sein — missverstandener — Heroismus.

Jetzt sollte es eigentlich in Ihrem Ohr läuten, lieber Leser oder Hörer, denn es ist offensichtlich von diesem Punkt meiner Erklärungen an, dass die ödipale Fixierung ohne weiteres zu Narzissmus führt, und hier weiche ich von der herkömmlichen Psychiatrie ab.

Der Unterschied zwischen der herrschenden Meinung und meiner eigenen Analyse des Problems besteht darin, dass ich eine Verknüpfung, eine Verbindung sehe zwischen den antiken Tragödien des *Ödipus* und des *Narziss*, welche ich bislang nicht in irgendeiner psychologischen oder psychiatrischen Publikation, noch in der Mythologie, erwähnt fand. Denn diese beiden Mythen werden gewöhnlich als apart und von einander gesondert behandelt, als der Ausdruck zweier voneinander unterscheidbarer Formen psychologischer Komplexität.

Tatsache ist, dass die Perspektive, die ich entdeckte, eine Anzahl von Türen öffnet, denn von dem Moment wird es dem Forscher dann offenbar, warum unsere postmoderne Industriekultur in solchem Grade befangen ist mit dem Problem von *Kodependenz* zwischen Eltern und Kindern, einem weitverbreiteten Kindesmissbrauch, Liebesverboten, Gewalt, Selbstentfremdung, Narzissmus und mehr oder weniger akzeptierter sozialer Schizophrenie. Der ödipale Held leidet unter genau demselben Syndrom von 'verpasster Kindheit' wie der Pädophile, mit dem einzigen Unterschied, dass er seine Neigung unterdrückt und auf andere projiziert.

Der Ausweg aus der Pädophilie ist nicht die Anti-Pädophilie, weil dies einfach die falsche Fragestellung ist. Die richtige Fragestellung ist, ob Repression der kindlichen Emotionalität und des kindlichen Sexuallebens Kindern irgendetwas von Wert bringt, oder ob es nicht eher *Permissivität* ist, die Kindern wahre Unterstützung gibt für ihr positives psychisch-emotionales Wachstum? Sowohl der ödipale Held, als auch der propagandistische Pädophile sind blind gegenüber der Tatsache, dass die einzig haltbare und abgesicherte Ätiologie sowohl des ödipalen Heldentums als auch der Pädophilie die emotionale, taktile, sensuelle und sexuelle Deprivation von Kindern und Jugendlichen ist, wie sie seit etwa der Mitte des 17. Jahrhunderts in unserer Kultur um sich griff.

Dann endlich, und mit systemischer Logik, wenn wir das soziale und legale Umfeld als Resultat unserer Einsicht in die emosexuelle Integrität des Kindes geändert haben, sind wir in der Lage, unsere Verantwortung für Gewaltlosigkeit in allen unseren Kontakten mit Kindern einzusehen, und dann ist in unserer gesamten Kultur der Boden bereitet für eine Ära, in welcher der Mensch sich voll realisieren kann—denn Gewaltlosigkeit ist die Hauptbedingung dafür. Und dann werden die Probleme von Homosexualität, Pädophilie oder Sadomasochismus keine Probleme mehr sein.

Ich möchte nicht behaupten, dass diese Erscheinungsformen menschlichen Sexualverhaltens einfach aussterben werden; aber eine Gesellschaft, die endlich das Kind, und das *innere Kind*, akzeptiert hat, wird in der Lage sein, sexuelle Diversität ebenso zu dulden, wie sie ethnische, rassische oder soziale Diversität duldet.

ERSTES KAPITEL

KAMPF GEGEN WAHRHEIT

Die Publikationen des amerikanischen Neuropsychologen James W. Prescott haben deutlich gemacht, dass eine Interdependenz besteht zwischen Sexualunterdrückung und Gewalt. Je stärker die Sexualunterdrückung in einer bestehenden Kultur, umso größer ist das Maß struktureller Gewalt in dieser Kultur.

Diese Hypothese wurde bereits dreißig Jahre vor Prescott von Wilhelm Reich aufgestellt, aber keiner wollte ihm glauben. Man diffamierte ihn öffentlich als paranoid und seine Schriften wurden im freiheitlichen Amerika der fünfziger Jahre öffentlich verbrannt, nachdem man den schwer herzkranken Arzt als Scharlatan ins Gefängnis geworfen hatte, wo er einem Herzinfarkt erlag. Dies war also nicht etwa im finsteren Mittelalter, sondern im McCarthy geführten Amerika, wo die typisch amerikanische Kommunismus-Hysterie einen vorläufigen Höhepunkt erreichte.

Unter Kommunismus wurde und wird in den Vereinigten Staaten so ziemlich alles subsumiert, was den herrschenden, merkantilen und hegemonialen Interessen zuwiderläuft.

Prescott hat deutlich gezeigt, dass einer der Primärfaktoren bei der Entstehung der Gewalt ein tiefgreifender Mangel von Affektion bei der Kleinkindbetreuung ist. Je öfter und intensiver der physische Kontakt zwischen Mutter und Kind, oder zwischen Vater und Kind, umso ausgeglichener wird das Kind später psychisch sein, umso friedvoller auch wird es sein.

In den Vereinigten Staaten stillen nur noch weniger als zwanzig Prozent aller Mütter ihre Babys. Kinder wachsen mit Babysittern auf, weil die Mütter keine Zeit mehr haben für die Familie, und viele sogar einen Ekel empfinden vor dem Stillen und gar vor allem, was eine Hausfrau normalerweise tut und erlebt.

Hautkontakt zwischen Eltern und Kind wurde von einer total lebensfeindlichen Pädiatrie im übrigen auf das strikte Minimum beschränkt. Angesichts der Emanzipation der Frau und neuzeitlichem femininem Drang in die traditionell männlichen Berufe, wundert es nicht, dass der sprunghaft angestiegene Bedarf an Babysittern, Kleinkinderziehern und Pädagogen für behinderte oder autistische Kinder aktuell in den meisten Industrieländern nur noch mit Männern zu decken ist.

Muss nicht als Konsequenz dieser ganzen Entwicklung ein völlig neuer Verhaltenskodex für den männlichen Babysitter und Kleinkindbetreuer geschaffen werden?

Das Kind braucht den Körperkontakt wie das tägliche Brot oder die Flasche. Und es ist der Gipfel moralischer Perversität, kindliebende männliche Babysitter, die das affektive Elend der Kleinen jeden Tag mitansehen müssen, und vor allem auch den Bedarf der Kinder an physischer Affektion, an Hautkontakt, und die die Einsamkeit der meisten Kinder in einer zutiefst kinderfeindlichen Kultur verstehen, in Gefängnisse zu sperren, nur weil sie ihren Beruf in einer Weise ausübten, den die Moral im Moment nicht zulässt, die aber, was immer man denken mag über ihre emosexuelle Ausrichtung, letztlich das tun, was emotional-erotisch intelligent ist und funktionell.

Bei Eskimos, die zu den friedlichsten Völkern auf der Erde gehören, ist der Hautkontakt optimal. Die Mutter trägt ihr nacktes Baby unter dem Parka auf ihren nackten Rücken, sodass Mutter und Kind fast vierundzwanzig Stunden pro Tag in Hautkontakt verbunden sind.

In Ergänzung zu diesen Forschungen sollte man die aufsehenerregende Studie von Ashley Montagu über die Funktion der menschlichen Haut und die Vorgänge beim Hautkontakt heranziehen. Danach besteht kein Zweifel mehr, dass beim Hautkontakt, ob nun zwischen Mutter und Kind, beim Stillen oder anderweit, oder zwischen Vater und Kind, oder im allgemeinen bei zwei sich in Liebe vereinenden Menschen, ein *Energieaustausch* statt findet, der bioenergetische Prozesse involviert, die einen Einfluß haben auf die Energiesysteme beider Körper.

Diese Prozesse nun, fand man heraus, sind für die psychosomatische Entwicklung des Kindes von entscheidender Bedeutung. Auch sind sie für die Restituierung der sich durch das Denken verbrauchenden Lebensenergie beim erwachsenen Menschen unbedingt notwendig.

Dieser Zusammenhang zwischen Lust, also Sensualität im weitesten Sinne, und den Ursachen der Gewalt haben zweitausend Jahre christliche Wissensverdammung bewusst unter den Teppich gekehrt. Die von Paulus, und nicht von Jesus von Nazareth, gegründete Machtorganisation mit dem Namen *Kirche* hat in ihrem Dogma den Baum der Erkenntnis tabuisiert und damit das Wissen um Leben, Liebe, Pulsation der Energie und das Wissen vom Zusammenhang zwischen Sexualität und echter Religiosität verbannt.

Jeder, der Wilhelm Reich gelesen hat, weiß, wie schnell eine Forschung in die Zusammenhänge der Sexualität, und in die Funktion des Orgasmus zur Initiation führt in die Mysterien des Lebens selbst, in die Pulsation aller Materie, allen Seins, der Zelle, wie des Kosmos.

Reich hat die Erkenntnisse der Quantenphysik vorweg genommen, indem er, ohne es vielleicht zu wissen, letztlich auf die orientalische Weisheit im Bereich der Sexualität aufbaute. Fritjof Capras *Tao der Physik (1975/2000)* wird für einen Reich-Kenner ebenso bekannt klingen, wie all die vermeintlich neuen Erkenntnisse im Bereich Psychoanalyse und Bioenergetik bis hin zur Nutzung der Sonnenenergie. Dies ist so, weil es sich hier recht eigentlich um sehr alte Kenntnisse handelt, die lediglich wiederentdeckt wurden. Die Kontroverse Reich-Einstein spiegelte letztlich die Alternative Orgonenergie-Atomenergie nur allzu deutlich wider. Angesichts der systematischen Fehlinformation der Massen seitens Regierungen und ihren Geheimdiensten hätte in der Tat nur die Autorität eines Einstein Reichs revolutionären Entdeckungen die Anerkennung in der offiziellen Wissenschaft verleihen können, die ihnen gebührte.

Prescott stellte fest, dass patriarchalische Gesellschaftsstruktur, phallokratisch-sexistische Unterdrückung der Frau und des Mädchens und die damit einhergehende Abtötung des Weiblichen im Manne, monotheistische Religion, Gewalt, Krieg, Folter und Tortur einhergehen mit einer affektiven und taktilen Vernachlässigung des Kleinkindes einerseits und der starken Repression adoleszenter Sexualwünsche, andererseits. In einer kulturüberschreitenden Analyse, bei der Prescott siebzig von allen Stammeskulturen der Welt miteinander verglich, konnten alle einzelnen Faktoren dieser Hypothese verifiziert werden.

Es geht hier denn auch vor allem um einen Teilaspekt der Forschungen Prescotts, nämlich seine Feststellung, dass psychische und emotionale Schäden, die durch frühkindlichen Mangel an Affektion zustande kommen, durch spätere aktive sexuelle Betätigung in der Jugend wieder behoben werden können. Um dies zu verstehen, sollte die Studie des englischen Neurophysiologen Herbert James Campbell, betitelt *The Pleasure Areas (1973)*, mit herangezogen werden. (Das Buch wurde ins Deutsche übersetzt mit dem Titel 'Der Irrtum mit der Seele,' welches nicht nur ein vollkommen unsinniger Titel ist,

sondern auch einer der den Inhalt des Buches total verkennt.) In dieser Studie hat Campbell etwa vierzig Jahre
neurophysiologische Erfahrung und Forschung aufberei-
tet und zusammengestellt und kam zu dem Ergebnis,
dass die im menschlichen Gehirn vorhandenen Zentren
für Lust und für Gewalt in gegenseitiger Ausschließlichkeit funktionieren. Das heißt praktisch gesprochen, dass
ein gegebener Reiz nur entweder das Lust– oder das
Gewaltzentrum stimulieren kann, nicht aber beide gleichzeitig.

Campbell stellte nun weiterhin fest, dass bei einer
Deprivation von Lust, sei es sensuelle Lust, sei es taktile
Lust, sei es sexuelle Lust, in früher Kindheit das Lustzentrum im Gehirn sich durch den Reizmangel immer weiter
zurückbildet und seine Funktionen, nämlich das Signal
Jetzt empfinde ich Lust durch das Gewaltzentrum kom-
pensatorisch übernommen werden. Das hat zur Folge,
dass der Mensch, der als Kind zu wenig Lust erfahren hat,
als Jugendlicher oder als Erwachsener Gewalt benötigt,
um Lust zu empfinden. Die fehlende Lust wird gewissermaßen durch Gewalt kompensiert.

Durch diesen neurologischen Mechanismus findet eine Art von Konditionierung auf Gewalt statt, derart, dass
die betreffende Person, wenn sie später Lust erfährt, also
zum Beispiel die Möglichkeit zu sexuellem Spiel und Befriedigung hat, darauf nicht mehr in vollem Maß an-
spricht. Die Person braucht dann, zumindest zusätzlich,
Gewalt, um sexuelle Befriedigung zu erlangen. Hier haben wir die phallisch-erobernde Art von Sexualität, wie

sie in unserer patriarchalischen Kultur beim Gros aller Männer die Regel ist, bis hin zu Sadismus und Masochismus, aber auch sexueller Tortur während der Inquisition und neueren Verfahren, politische Gefangene zu quälen, Frauen und Kinder in Kriegen und Bürgerkriegen zu vergewaltigen und sexuell zu foltern, und so fort. All dies steht tagtäglich in unseren Zeitungen!

Der Grund dafür ist einfach, dass der Mensch ohne Lust nicht leben kann. Daher war die Operation, der man seinerzeit den Kindesmörder Jürgen Bartsch unterzog, schlichtweg Mord. Da hilft kein vornehmes Drumherumreden und kein moralisches Sich-Entrüsten. Es ist und bleibt Mord. Denn ein Eingriff in das Lustzentrum im Gehirn führt unweigerlich zum Tod des Menschen. Daher sind im Grunde alle sexualfeindlichen Religionen und Moralen historische Zeitbomben. Sie führen zum langsamen, aber sicheren Tode einer Kultur, da ihre Folgen im hohen Maß zerstörerisch sind für das Leben und den Fortbestand des Menschen.

An dieser Wahrheit können alle Geheimdienste der Welt nichts ändern, und wenn sie noch so viele Morde begehen, an Individuen oder an ganzen Völkern oder Volksteilen wegen sogenannter 'subversiver Umtriebe,' 'kommunistischer Unterhöhlung' oder neuerdings 'terroristischer Zellen.'

Die Wahrheit ist, dass durch zweitausend Jahre christlicher Lebensverneinung und etwa fünftausend Jahre Patriarchat im menschlichen Gehirn eine solche Perversion stattgefunden hat, dass das Lustzentrum nur noch zu einem Bruchteil funktioniert und das Gewaltzentrum seine Aufgabe fast ganz mit übernommen hat. Dies gilt jedenfalls für die großen Kulturen der Welt, vor allem für die, die sich auf dem Wege der Hegemonie und des Kolonialismus ausdehnten. Es gilt andererseits sicherlich *nicht* für die meisten Stammeskulturen und Nomadenvölker, die weiterhin im nahen Einssein mit der Natur leben.

Der neuzeitliche Mensch christlich-okzidentaler Prägung begeht tagtäglich einen Mord an der Liebe und am Leben, indem er die physische Liebe seiner Kinder missachtet und schändet, und indem er sie durch Verbote und Strafen dann langfristig auch verbiegt.

Die herrschende sexualfeindliche Moral ist eine *Mordmoral*; sie rechtfertigt jede Art der Grausamkeit bis hin zu Folter, Tortur, sexueller und sonstiger Verstümmelung und Völkermord. Sie rechtfertigte die Hexenverbrennungen, die Konzentrationslager und die Ausrottung von ethnischen Gruppen, bis hin zur modernen Geburt im Krankenhaus, bei der das Baby auf unbegreifliche Weise und in vielfacher Art gefoltert wird. Der Mord am Leben beginnt beim Kleinkind. Er beginnt da, wo die Mutter keine Zeit hat für ihr Kind, wo sie sich mehr für ihre Karriere interessiert, als ihren Nachwuchs, wo sie nicht mehr Stillen will, weil sie einen Ekel davor hat.

Dies ist wohlgemerkt keine Anklage der Frau, denn diese Entwicklung ist wiederum nichts anderes als das logische Resultat eines durch Generationen vom Patriarchat angesammelten Hasses gegen die Frau, die, ihrer Rolle als Opfer endlich leid, einen letzten verzweifelten

Versuch unternahm, es dem Manne gleich zu tun, zumindest im Beruf. Das Ergebnis ist leider destruktiv, wenn man diesen Elan auch sehr gut verstehen mag, denn durch die taktile und affektive Deprivation des Kleinkindes gerade in den modernsten Industriekulturen wird der Ausbreitung von Geisteskrankheit, Gewalt und Krieg Tür und Tor geöffnet.

Der einzige Weg zurück aus dieser Pervertierung des Menschentieres wäre ein Paradigmenwechsel im Bereich der Emotionalität und der Sexualität. Bereits Wilhelm Reich hat in seinen Sexualberatungsstellen in den dreißiger Jahren des zwanzigsten Jahrhunderts (Sexpol) festgestellt, dass die sexuelle Misere des okzidentalen Jugendlichen zum Himmel schreit!

Gerade im Alter, wo die Sexualität im Menschen zur vollen Blüte herangereift ist, wo sie gleichsam explodiert, wie eine frische Knospe in der Morgensonne, wird sie grausam unterdrückt. Durch Schutzalterbestimmungen, die die sexuelle Mündigkeit mit der Volljährigkeit zusammenfallen lassen, durch einen Jungfrauenkult katholischer Prägung, durch irrsinnige Lehren von Keuschheit und Abstinenz, glaubt man, Jugendliche verantwortlich zu leiten und zu erziehen.

Der menschliche Hass gegen das Leben in allen seinen Formen und gerade gegenüber seiner Urform, der Pulsation des Protoplasmas in der orgastischen Entladung und in der Vibration des Verlangens selbst ist unendlich viel destruktiver als alle vermeintliche Gefahr, die eine freie Sexualität für das Kind mit sich bringen würde.

Ein Ausweg? Er kann nur dann kommen, wenn sich die Zivilisation in ihren Grundprinzipien wandelt, das heißt, wenn in allen Bereichen des Lebens neue lebensfreundliche Paradigmen die alten, die auf Hass, Angst und Gewalt beruhen, ersetzen. Völlige Freiheit einverständlicher Sexualität ab dem Pubertätsalter wäre eine mittelfristige Lösung. Die Abschaffung von Schutzaltergesetzen und völlige Ersetzung einer Sexualgesetzgebung durch eine Sexualberatung — und damit der Entkriminalisierung gewaltfreier Sexualität, unabhängig vom Alter der Beteiligten — wäre die langfristige Lösung.

Menschliche Sexualität, die auf Liebe beruht und gewaltlos ist, muss zwischen allen Menschen möglich sein, ohne dass der Staat darin herumschnüffelt. Auch Kinder können zu sexuellem Vergnügen einwilligen, wie sie zu anderer Art der Lust Jasagen können.

Die gegenwärtigen Gesetze in diesem Bereich sind ein Verbrechen an der Menschheit, indem sie die Liebe mit Füssen treten und nur noch mehr Gewalt und Missbrauch hervorrufen. Sie haben denn auch absolut keine rationale Grundlage. Sie sind die Festschreibung der gigantischen Unfähigkeit, das Leben zu verstehen und zu akzeptieren, wie es nun einmal ist.

Wenn die Amerikaner wirklich an ihre Kinder dächten, würden sie nicht bei den Babysittern beginnen, sondern im Pentagon.

Zweites Kapitel

Freuds Verschnitt

Freud ist vorzuwerfen, dass er die Ödipus-Sage zusammengeschnitten hat und sie damit herausriss aus ihrem systemischen Zusammenhang. Tatsache ist, dass die Sage in einen größeren epischen Zyklus eingebettet ist, welchen man gemeinhin in der Mythologie als die 'Tragödie des Hauses von Theben' bezeichnet. Um den karmisch-schicksalhaften Zusammenhang der Sage zu verstehen, muss man namentlich mit einer Generation *vor* Ödipus beginnen und mit einer Generation *nach* ihm enden.

Ohne den Familienfluch zu sehen, wie könnten wir auch nur annähernd Oedipus' augenscheinlich unverdientes Leid und Tragödie verstehen? Und wenn wir das nicht verstehen, wie es Freud offenbar nicht verstand, wie können wir dann das Leid und die Tragödie des Kindes in der ödipalen Kultur verstehen?

Die Ödipus Sage ist eine Menschengeschichte, eine Familiengeschichte, die Geschichte eines Fluches, der auf einer ganzen Familie lastete. Es geht um das, was die alten Griechen als einen 'Angriff gegen die Götter' bezeichneten, was Christen, Juden und Moslems Sünde nennen, und was wir in moderner Sprache als Kindesmissbrauch bezeichnen.

Der Aspekt eines Familienfluchs ist besonders auffallend in dieser Sage, weil mehrere Generationen unter der skandalgeräucherten und gewalttätigen Konstellation litten. Natürlich ist der Ausdruck 'Familienfluch' ebenso approximativ und neben der Sache, wie alle anderen Explikationen menschlichen Verhalten es sind; er suggeriert, dass all das Leid, all die Morde und all die Gewalt die Folgen 'äußerer Umstände' waren. Ich glaube, das zu unterstellen ist ein Irrtum, der auf einer dubiosen Interpretation von dem beruht, was man gemeinhin 'Schicksal' nennt, so als ob man nachgerade dazu verurteilt sei, solche Dinge einfach hinzunehmen. Nein, es ist sehr gut möglich, wenn man die Familiengeschichte analysiert, genau heraus zu finden, welche Schuld wen traf zu welcher Zeit und innerhalb welcher Beziehung, und wie das, was sie taten, ein negatives Echo im Universum hervorrief. Und das Paradox ist eben, dass wenn man das nicht tut, man nicht verstehen kann, warum Ödipus das tat, was er tat, und sich nicht bewusst war, was überhaupt vorging in seinem Leben.

Wenn man nämlich nur sein eigenes Schicksal betrachtet, kann man die Antwort nicht finden, und das ist präzis der Grund, warum Freud sie nicht fand und daher die Sage völlig falsch interpretierte—mit den fatalen

Folgen, wie wir sie heute erkennen, wenn wir den hanebüchenen Unsinn sehen, den Tiefenpsychologen aus dem Ödipus Komplex machen, zum Leidwesen nämlich des Konsumkindes.

Wiewohl ich zugeben muss, dass die Sage besonders extrem ist in ihrer Blutrünstigkeit, und weswegen das Karma ganz besonders negativ war, so ist es doch lediglich eine Lehrfabel. Sie zeigt das Prinzip auf. Liz Greene und Juliet Sharman-Burke schreiben in *The Mythic Journey (2000)*: 'Die mythische Geschichte des Hauses von Theben ist eine dunkle, und beginnt vor Ödipus selbst. Sünde folgte auf Sünde in dieser Familie, schlimmer als in einer Fernsehoperette, und die Linie ist geplagt von den Flüchen verschiedener geschändeter Götter. Das Haus von Theben ist die ultimative 'dysfunktionale Familie.' (Id., 51)

Meine Hypothese ist, dass Freud die Ödipus-Sage wählte als eine Metapher für die psychosexuelle Entwicklung des Kindes, das auf dem Sprung ist zur Genitalität, weil er wusste, dass unsere Kultur abgründig inzestuös und abusiv ist Kindern gegenüber, und zwar in ihren Wurzeln, vor allem in der Eltern-Kind Beziehung! Wie hätte sonst ein vernunftbegabter Mensch die abscheulichste, zynisch-gewalttätigste und bluttriefendste Sage der gesamten Mythologie gewissermassen auf den Buckel jedes unschuldigen kleinen Kindes kleben können? Und hier klingelt das Wort 'unschuldig' wahrhaft in meinen Ohren —weil es *falsch* klingt. Wenn die Mythologie Recht hat, dann waren wir niemals unschuldig, nicht einmal als

Kleinkinder, da wir, jeder von uns, nicht nur für unser eigenes Karma, sondern auch für unser Familienkarma mit verantwortlich sind.

Dies ist so, ob wir es anerkennen oder nicht, denn Karma ist kein Glaube, sondern kosmisches Gesetz. Ich werde hier kein Urteil abgeben, ich werde zu keinen schnellen Schlussfolgerungen kommen, sondern die Frage offen lassen.

So weit ich sehe, hat nur eine einzige philosophische Schule dieser zeitlosen Weisheit widersprochen. Es ist die Philosophie von Jean-Jacques Rousseau mit ihrer Idee, dass ein Kind als 'tabula rasa' zur Welt komme. Die Idee mag nicht einmal von Rousseau selbst stammen und viel älter sein. Natürlich war zu der Zeit diese Lehre eine Faust ins Gesicht der Kirche, und daher alles in allem eine sehr gewagte Theorie.

Heute ist davon nicht mehr viel übrig, da nun sogar total mechanistische Biologen die Tatsache, dass wir gewisse Eigenschaften aufgrund unserer Seelennatur mitbringen, nicht mehr abstreiten können.

So möchte ich dieser unfruchtbaren Frage auch nicht weiter nachgehen, sondern mir die Details der Sage einmal genauer anschauen, und sehen, ob wir daraus Wasser ziehen können für die Frage, ob Freuds Theorie vom Ödipuskomplex psychoanalytischer Unsinn ist, oder doch im Grunde Sinn macht?

Die vorgenannten Autorinnen schreiben in *The Mythic Journey (2000)*: 'Diese Sage hat damit zu tun, was die Griechen einen Familienfluch nannten — das Schänden eines Gottes, welches über mehrere Generationen bestraft wird. In modernem psychologischem Jargon würde man das als genetische Fortpflanzung ungelöster Familienprobleme ansehen. Womit unsere Eltern nicht fertig wurden, wird uns aufgetischt, und diese 'Sünden der Väter' sind dann eben der nächsten Generation anheim gestellt, wenn wir nicht imstande waren, damit zu Rande zu kommen.' (Id., 58)

Nun wollen wir uns doch erst einmal die Fakten näher ansehen. Laius, der König von Theben, erhält vom Delphischen Orakel eine Prophezeiung, er werde von seinem eigenen Sohn ermordet werden. Dies könnte ihn eigentlich wenig bekümmert haben, da er ja kinderlos war; es war gerade sein Kinderwunsch, der ihn nach Delphi berief. So hätte er sich denn sagen können, na ja, dann war es ja gut so wie es war. Aber was tat der Mann? Er warf seine Frau aus dem Haus. Da sie nicht wusste, warum ihr Mann sie plötzlich los werden wollte, machte sie ihn eines abends betrunken und erzwang ein Kind von ihm.

Das klingt eigenartig, wo doch das Ehepaar solange zuvor kinderlos gewesen war, aber hier sehen wir die unsichtbaren Fäden des Schicksals eben schon am Werk!

Dann war Laius natürlich voller Angst und als das Kind geboren war, tat er den nächsten chaotischen Schritt, und erfüllte damit unbewusst das Orakel: er setzte das Baby auf einem Berg aus, durchbohrte einen seiner Füße mit einem Nagel und ließ es dort allein, allen möglichen Gefahren ausgesetzt.

Übrigens, und nicht zufälligerweise, ist der Schutzherr des Delphischen Orakels der Gott Apollo, und die Schutzgötter der Kinder bei den Griechen sind ebenfalls Apollo und seine Schwester Artemis. Sie waren nun ernsthaft wütend angesichts Laius' grausamem Verhaltens und es war denn auch diese Tat, die alle folgenden Tragödien nach sich zog. Die Götter sanden einen Hirten, der das Baby fand und es mitnahm: er nannte das Kindchen spontan 'Ödipus,' was im Griechischen so viel bedeutet wie 'geschwollener Fuss.' Durch einen weiteren Schicksalszug gelangte das Kind in die Arme der Königsfamilie von Korinth, wo es eine gute und standesgemäße Erziehung genoss.

Eines Tages begann Ödipus seine Ursprünge zu erahnen und begab sich nach Delphi, um das Orakel über seine Zukunft zu befragen; er bekam von Apollo die furchtbare Voraussage, er werde seinen Vater ermorden und seine Mutter heiraten. Ödipus war so entsetzt, dass er nicht nach Korinth zurückkehrte, entschlossen, dem Gott die Stirn zu bieten. Er hielt natürlich seine Adoptiveltern für seine wahren Eltern und dachte, wenn er nicht mehr um sie sei, könne er das Schicksal verhindern.

Apollo war wütend und das nächste Ereignis im Leben des Ödipus erfüllte den ersten Teil der Weissagung. Es war eine sehr eigenartige Verkettung von Umständen, als Ödipus durch Zufall den Weg von Laius kreuzte, der mit seiner Karosse nach Delphi fuhr. Ödipus war im Wege und König Laius gebot dem jungen Mann von der Kutsche aus, den Weg zu räumen. Ödipus gab eine rüde

Antwort, und der König ließ die Karosse über Ödipus' Fuß fahren, was die alte Wunde wieder aufriss.

In entsetzlicher Wut zog Ödipus Laius von der Kutsche in den Dreck, schwang sich selbst obenauf und trieb die Pferde über seinen Vater, den er solchermaßen brutal ermordete. Zudem, was ein besonders großes Verbrechen war im alten Griechenland, liess er die Leiche des Ermordeten am Ort der Tat zurück, ohne sie sogleich zu beerdigen.

Doch hier erscheint der Mythos kaum noch glaubhaft. Wenn wir uns vorstellen, dass Laius ein König war, wie konnte er so leichtfertig von einem jungen Kerl angegriffen und ermordet werden, ohne dass sein Geleit irgendetwas dagegen unternahm?

Eine andere Koinzidenz ist bemerkenswert. Das Ziel der Reise des Laius nach Delphi war nämlich, dass er inneren Frieden suchte, nachdem er einen Jungen entführt hatte, um Sex mit ihm zu haben. Daraufhin sandten die Götter ein Monster, welches sich am Stadttor ansiedelte und jeden, der in die Stadt wollte, die Frage stellte: 'Welches Geschöpf, das nur eine Stimme hat, hat manchmal zwei Füße, manchmal drei und manchmal vier, und ist am schwächsten, wenn es die meisten hat?'

Ödipus, der nach Theben strebte gleich nach dem Mord an seinem Vater, erriet die richtige Antwort und sagte: 'Der Mensch, weil er als kleines Kind auf allen Vieren läuft, dann in seinen jungen Jahren auf zwei Beinen geht, und im Alter sich eines Stockes bedient.' Das Monster verschwand, Ödipus wurde als Retter gefeiert und er bekam die ausgesetzte Belohnung, die Hand der Königin. So kam es, dass Ödipus Jokaste, seine eigene Mutter ehelichte, obwohl er natürlich keine Ahnung von der Wahrheit hatte.

Allerdings hielt sein Sieg nicht lange an, denn ein blinder Seher kam eines Tages an den Hof und erklärte öffentlich, dass König Ödipus der Mörder von Laius gewesen sei. Keiner glaubte ihm, aber die Königin von Korinth gab dann die wahren Ursprünge von Ödipus kund. Jokaste beging Selbstmord, und Ödipus blendete sich und, von den Furien verfolgt, verfluchte er seine Söhne und Brüder Eteokles und Polyneikes, und ging ins Exil.

Und hier sehen wir, wie der Fluch auf die nächste Generation übertragen wird. Nach vielen Jahren Herumwandern in der Welt, wobei er von seiner Tochter und Schwester Antigone begleitet war, starb Ödipus, aber kein Friede kam für das Haus von Theben.

Sowohl Eteokles als auch Polyneikes starben in einem Krieg, der über die Nachfolge des Throns von Theben ausbrach. Antigone wurde zu Tode verurteilt, weil sie gegen die Anweisung ihres Vaters Kreon Ödipus beerdigt hatte. Polyneikes' Sohn versuchte den Thron zu usurpieren, aber er verlor den Kampf und Theben wurde überwältigt.

Drittes Kapitel

Eine Lehrfabel?

Ist dieser alte Mythos vielleicht eine Lehrfabel? Ich frage mich wirklich, ob wir in die Authentizität dieser Saga glauben können? Es gibt zumindest drei Stellen in dieser Geschichte, wo der Ablauf gegen den gesunden Menschenverstand läuft, und vor allem auch gegen das Verständnis der Kultur, in der sich das ganze abspielte.

Ich bin der Meinung, dass die Glaubwürdigkeit der Sage durch diese fehlende Probabilität vermindert wird. Diese Details sind im einzelnen:

1/ Ein Patriarch, der seine Frau hinauswirft, wird sie in aller Regel nicht zu einem Abendessen einladen. Wie konnte Jokaste ihren Mann betrunken machen, wenn er nicht die formelle Repudiation rückgängig gemacht hätte? Und wenn er dies tat, so ist das Verhalten Jokastes, ihren Mann betrunken zu machen und ein Kind von ihm zu erzwingen sicher nicht höher in moralischer Haltung als sein Akt, sie ohne Begründung aus dem Haus zu werfen. In der patriarchalischen Kultur des Altertums bedurfte die Repudiation einer Frau durch ihren Mann keinerlei Begründung, noch war es ausgeschlossen, dass er sie zurücknahm, wenn er sie in Wut hinausgewiesen hatte. Wenn die Geschichte also sagt, sie hätten ein Mahl zusammen eingenommen und Wein dazu getrunken, so kann das nur bedeuten, dass Laius seine Repudiation rückgängig gemacht hatte.

Die Repudiation selbst als schmachvoll anzusehen, wie es Liz Greene und Sharman-Burke tun in ihrem Buch, mit der Begründung, er hätte seiner Frau den Grund dafür nennen müssen, ist ein allzu typisches Verhalten moderner Psychologen, einen historischen Text nicht auszulegen, sondern Annahmen in den Text hinein zu interpretieren, die darin nicht enthalten sind.

2/ Ein nobel erzogener und gebildeter junger Mann, der über eine königliche Karosse verärgert ist, soll den König brutal und ohne jeden Widerstand seines Geleits ermorden wie ein Straßenräuber, und ihn in den Dreck fahren und dort liegen lassen, ohne dass irgend jemand Zeuge der Tat ist?

Moment mal, das passt vielleicht in einen Hollywood Film, nicht aber in eine griechische Tragödie. Ein König fuhr seine Karosse nicht selbst, dafür hatte er nämlich sein Geleit, genauer gesagt, einen Pferdeknecht, oder mehrere solcher Knechte; also gab es genügend Leute, die einen hitzigen jungen Mann von einer solchen Tat abgehalten hätten. Die Geschichte ist hier total unglaubwürdig.

3/ Ein König, der einen Jungen entführt und vergewaltigt? Moment mal, schauen wir uns einmal genauer
an, was Knabenliebe hieß im Altertum und was Entführung bedeutete! Hier müssten wir den originalen Text
konsultieren, denn es käme darauf an zu wissen, ob der
Junge von der Aristokratie abstammte, oder ein Sklavenjunge war.

Ein Sklavenjunge war genas keinen rechtlichen
Schutz. Anders im Falle eines Aristokratenjungen. Aber
hier war das Gewohnheitsrecht so, dass ein Liebhaber
einen Jungen für etwa zwei Wochen für sexuellen Verkehr
'ausleihen' konnte, wenn er dem Vater dafür eine Abfindung zahlte. Strafverfolgung war zu der Zeit ohnehin
nicht eine Angelegenheit des Staates, sondern fand nur
statt, wenn ein Kläger auftrat—im regulären Fall der Vater des Jungen.

Was die Autorinnen hier tun, ist wiederum Dinge in
alte Texte hinein zu projizieren, die nicht darin sind.

Rechtlich war es so im alten Griechenland, dass die
Entführung eines noblen Jungen verboten war nach grie-
chischem Recht, nicht jedoch die Entführung von Skla-
venjungen. Diese Art der Kindesentführung endete nicht,
wie das heute ist, in Mord. Im regulären Falle würde der
Liebhaber dem Jugendlichen ein mehr oder weniger be-
achtliches Geschenk überreichen, und im Falle einer Klage des Vaters, diesem eine Abfindung zahlen.

Im allgemeinen war die Entführung von Jugendlichen
beiderlei Geschlechts üblich im ganzen Altertum, und
solches endete, wenn es ein Mädchen war, entweder in

einer Heirat mit dem Kind, oder, wenn der Liebhaber nicht zur Heirat bereit war, in einer mehr oder weniger substantiellen pekuniären Abfindung für den Vater des Kindes. Dies gilt sowohl für die Hebräische Kultur, als auch die Kulturen des alten Griechenlands und der Römer.

Wenn der Liebhaber ein König war, so hatte er sicher in jener Zeit das Recht, Sex zu haben mit Jugendlichen beiderlei Geschlechts, und er hätte ein Problem mit dem Gesetz nur dann gehabt, wenn er einen aristokratischen Jungen entführt hätte; aber auch da war es mehr ein moralisches als legales Delikt, denn er hätte immer noch durch Zahlung einer Kompensation an den Vater eine Verfolgung abwenden können.

Der Grundsatz staatlicher Verfolgung bei Sexualdelikten gegen Kinder ist eine neuzeitliche Errungenschaft, und war im Altertum unbekannt. Wenn die Eltern des Kindes keine Klage erhoben, so wurde ein Sexualtäter nicht verfolgt; dies war auch im Mittelalter so und gar noch während der Renaissance, und es ist sogar heute noch so in vielen Teilen der Welt.

Es ist daher weitgehende Ignoranz, wenn die Autorinnen hier aus Laius' Knabenliebe ein Delikt 'gegen die Götter' herleiten wollen oder gar von einem kriminellen Delikt, oder einer Vergewaltigung im neuzeitlichen Sinne sprechen. Es spricht nicht für die Glaubwürdigkeit der Autorinnen, wie bekannt sie auch sein mögen, solch abstruses und ignorantes Gewäsch als 'Mythologie' zu verkaufen.

Ich bin daher der Meinung, man sollte diese Geschichte nicht wörtlich nehmen, sondern als eine Metapher ansehen, oder eine Lehrfabel, denn als Mythos müsste sie organisch in die Zeit passen, in der sie angeblich geschah. Das tut sie aber keinesfalls. Sie war wahrscheinlich die Ausgeburt moralistischer Schulmeister des 19. Jahrhunderts oder wurde so hingebogen, damit sie ins Schmiervokabular neuzeitlicher Repression passte und solchermaßen als Lehrfabel dienen konnte, um sogenannte Moralität zu lehren.

Im Grunde, wenn man sich die clichéhaften Beziehungen zwischen den Akteuren einmal genauer ansieht, so stellt man fest, dass sie Rollen spielen, wie Marionetten auf einer Schaubühne, und nicht menschlich-emotional zu Werke gehen, wie das im wirklichen Leben der Fall ist.

Die Frage, die ich mir stellte, als ich diesen Mythos zum ersten Mal als Schauspiel im Theater sah, vor mehr als vierzig Jahren war die: 'Wie würde ich eigentlich selbst gehandelt haben, wenn ich solch ein Orakel erhalten hätte?' Und ich fand heraus, dass ich solchermaßen argumentieren würde: 'Was habe ich getan, dass ich solch ein schlechtes und fatales Orakel erhalte?' Mit diesem Verlangen nach Selbsterkenntnis hätte ich versucht, Schritt für Schritt heraus zu finden, was meine Ursprünge sind, und was die Umstände meiner Geburt waren. Ich hätte sicher auch gebetet, um Antwort von der göttlichen Stimme in mir zu erhalten, und hätte in stiller Meditation darauf gewartet, Zeichen zu erhalten, die mich leiten in meiner inneren Reise.

Hätte Ödipus das getan, hätte er diese Fragen gestellt, so besteht eine große Chance, dass er nach Korinth zurückgekehrt wäre, um ein offenes Gespräch mit seinen vermeintlichen Eltern zu haben. Und hier, wäre er seriös und dediziert gewesen, um Antwort zu erhalten, so besteht wiederum eine hohe Wahrscheinlichkeit, das seine Adoptiveltern ihm die Wahrheit über seine Ursprünge enthüllt hätten. Und mit dieser Öffnung seines Bewusstseins hätte der Zauber des Orakels seine Macht über ihn verloren, und er hätte spirituelle Freiheit erlangt.

Diese Art der Innewendung, vergleichbar mit einer Reise zum Baum der inneren Erkenntnis, diese Verbindung mit dem Selbst ist es genau, was die Wut gar der rachedurstigsten Götter besänftigt, und das ist es, warum auf dem Eingang zum Apollotempel in Delphi, für jeden sichtbar, geschrieben steht:

— Kenne dich selbst!

Aber im alten Patriarchat wie auch in der postmodernen Konsumkultur—denn letztere ist lediglich eine modernisierte Version davon—ist der innere Weg nicht populär; weder an Schulen, noch an Universitäten praktizieren junge Menschen Kontemplation, die meditative Innenschau, die den Weg öffnet zur Selbsterkenntnis. Dies ist denn auch der größte Schandfleck unserer patriarchalischen Kultur, weswegen ich von einer kulturellen Perversion spreche. Und um auf Freud zurückzukommen, so muss ich sagen, dass ich in meiner Untersuchung sofern nicht herausfinden konnte, warum er die Ödipussage heranzog, um das psychosexuelle Wachstum des Kindes metaphorisch darzustellen? Ich kann soweit nur sehen, dass Freud damit zeigen wollte, dass das moderne Kind neurotisch ist, oder potentiell neurotisch ist, weil es nämlich in einer Kultur aufwächst, die selbst tief schizoid und fragmentiert ist.

Françoise Dolto (1908–1988), welche international als Kindertherapeutin bekannt war, da sie sogar psychotische Kinder heilen konnte, sagte in einem ihrer Seminare über die Psychoanalyse von Kindern, dass viele junge Psychoanalytiker vergessen, dass nur das neurotische Kind inzestuös auf seine Eltern fixiert ist, nicht jedoch das psychisch gesunde Kind.

Wenn ich könnte, würde ich Dolto fragen: 'Wieviel Prozent der Kinder unserer modernen Konsumkultur, denken Sie, sind psychisch gesund im Sinne, dass sie sexuell voll funktionell sind, ohne jedoch erotisch von ihren Eltern angezogen zu sein?' Meine eigene Schätzung ist, dass es vielleicht maximal 10% sind.

So bin ich denn wieder ganz am Anfang, wissend, was ich ohnehin wusste, dass eine Kultur pathologisch ist, die Familie in der Art gestaltet, dass inzestuöse Fixierungen darin regulär ein Problem sind! Und dass sie regulär sind in der modernen Kleinfamilie, ist wirklich, was Dolto glaubte und offen bekannte. In ihrem Buch *La Cause des Enfants (1985)* schreibt sie: 'In der heutigen Kleinfamilie, vor allem in der Stadtkultur, sind die Spannungen und Konflikte viel explosiver, und das ist so, weil sie unterschwellig sind. Heute ist die Zahl von Personen, mit denen ein Kind in Kontakt ist viel geringer als das in früheren Epochen der Fall war. Im 17. und 18. Jahrhundert konnte ein Kind seine inzestuösen Gefühle auf andere Frauen als die eigene Mutter projizieren, welche gern Sexspielchen mit kleinen Jungen unternahmen oder allgemein, mit Kindern beiden Geschlechts, wenn sie nur nicht die Mutter der Kinder waren.' (Id., 29)

Also, was muss ich tun? Die Psychoanalyse anklagen? Das ist etwa so, wie wenn man den Botschafter für die Botschaft straft. Sigmund Freud analysierte seine Kultur. Er hat keine neue Kultur erschaffen. Er wollte die Kultur nicht verändern, obwohl er sie als pervertiert ansah, weil er verstand, dass sie mehr Schlechtes als Gutes mit ihrem Moralismus, ihren Kriegen und ihren Tabus hervorbringt. Er sah seine Aufgabe als Psychiater darin, diejenigen zu heilen, die mehr oder weniger zwangsläufig von den Pathologien dieser Kultur negativ affektiert sind.

Aber hier folge ich Freud nicht. Ich kann es wohl als meine Aufgabe ansehen, dabei mitzuhelfen, eine neue Gesellschaft zu gründen, eine Gesellschaft nämlich, die Kindern mehr Freiheit gibt zum Körperspiel. Ich kann mich zum Beispiel mit der Position Wilhelm Reichs identifizieren, welcher bekanntlich auf den schärfsten Widerstand Freuds stieß, als er sich für die freie Sexualität von Kindern und Jugendlichen einsetzte. Reich argumentierte, dass wir nicht die Opfer dieser Kultur sind, und dass wir zu einem gewissen Grad mitverantwortlich sind, wenn wir die Kultur einfach passiv akzeptieren, obwohl wir wissen und täglich sehen, wieviel Leid sie hervorbringt bei jungen Menschen.

Ich bin der Meinung, Reich hatte hier die verantwortlichere Position eingenommen, obwohl man deswegen nicht sagen kann, dass Freud Unrecht hatte. Er war lediglich konservativ. Das war eben seine Einstellung.

Und dann gehe ich einen Schritt weiter, einen kleinen Schritt. Ich weiß, dass ich Menschen heilen kann, die von dieser Kultur negativ affektiert sind, und dass ich gleichzeitig dabei mithelfen kann, diese Kultur positiv zu verändern. Und wichtiger noch, ich weiss, dass ich mich bei der letzteren Aufgabe nicht der Psychoanalyse bedienen kann. Es leuchtet unmittelbar ein, dass ich, wenn ich die Gesellschaft verändern will, über die Analyse hinausgehen muss. Ich muss auch darüber hinaus gelangen, die Gesellschaft anzuklagen. Ich muss einen besseren Weg finden, und das tue ich damit, indem ich mich zunächst einmal selbst ändere. Ich muss also bei mir selbst beginnen. Was impliziert das?

Ich habe bereits einen Teil davon erwähnt: ich muss herausfinden, wer ich bin, was meine Ursprünge sind, was mein individuelles Karma ist, und das Karma meiner Familie. Sodann muss ich erfahren, was meine Talente sind, für was ich einzigartig begabt bin, welches mein kreatives Potential ist, ob es mathematisch ist, visuell, literarisch oder künstlerisch, ob es gut ist für eine Karriere in Design, in Malerei, in den ausführenden Künsten, in der Wissenschaft oder Philologie, oder ob ich manuell begabt bin, um im Kunsthandwerk zu arbeiten, oder um Pianist zu werden.

Der nächste Teil dieser Reise nach Innen impliziert heraus zu finden, was meine spirituelle Orientierung ist, was ich als meine ganz natürliche und individuelle Spiritualität empfinde, und welche Wasser ich ziehen kann, oder nicht ziehen kann, von den etablierten Religionen. Ich mag es vorziehen, mir meine eigene Religion zurechtzubasteln, meine eigene liberale oder nicht so liberale Spiritualität zu definieren.

Was geschieht, wenn ich das tue? Ich gelange dadurch nicht nur zu Selbsterkenntnis; ich helfe auch dabei, die Kultur zu ändern. Das mag man mit morphischer Resonanz erklären oder wie auch immer, Tatsache ist aber, dass wir das, was wir für uns selbst erreichen und realisieren auch immer für die Kultur tun. So tragen wir schrittweise dazu bei, dass die Gesellschaft sich reformiert, dass sie in größeres Bewusstsein hineinwächst und dass sie, durch mehr Selbstreflektion, dann auch letztlich die Strukturen der Gewalt erkennt und zum Besseren ändert.

Zum Beispiel, wenn ich als Kind traumatisiert wurde, werde ich therapeutischen Rat suchen und werde versuchen, mit den Verhaltensmustern, die ich als Folge dieser frühen Verwundung erkenne, konstruktiv zurecht zu kommen. Ich stelle also beispielsweise fest, dass diese frühe Verletzung zu einer Angstreaktion führte, die noch immer 'in meinen Knochen steckt' und die den Fluss meiner Vitalenergie blockiert.

So komme ich also zur Einsicht, dass ich mich darum bemühen muss, meine Bioenergie in einen harmonischen Fließzustand gelangen zu lassen, indem ich zum Beispiel ein Sexualleben führe, das andere nicht verletzt, und das möglichst frei ist von Angst und Obsessionen.

Ich werde dabei nicht auf das hören, was die Gesellschaft mir sagt, weil ich weiss, dass die Gesellschaft selbst es ist, die das hervorgebracht hat, worunter ich als Kind litt, nämlich Gewalt, Brutalität und eine vollkommen idiotische und unnatürliche Erziehung. Ich werde eher auf meine innere Stimme hören, die mir sagt, dass die *Moralität*, auf der diese Gesellschaft begründet ist, falsch ist, dass sie sozusagen auf dem Kopf steht, weil sie Gewalt gegenüber Kindern gutheißt, aber gleichzeitig behauptet, Kinder würden durch Sex 'traumatisiert.'

Weil ich es besser weiß, weil ich es sicher weiß, lasse ich mir von der weitgehend ignoranten Gesellschaft nichts vorschreiben. Ich plädiere also für mehr Respekt vor dem emotionalen und sexuellen Leben von Kindern, und für die Abschaffung jeder Art von 'erzieherischer' Gewalt, sei es in Form von Körperstrafen, sei es in Form von emotionaler Manipulation des Kindes.

Das ist der Weg des wahren Helden. Im folgenden werde ich demgegenüber die verschlungenen Pfade des *ödipalen Helden* einmal genauer unter die Lupe nehmen. Dann mag der Leser selbst entscheiden, was sein oder ihr eigener Weg ist, denn jeder ist frei zu wählen, was für ein Held er sein möchte—ein wahrer Held oder ein *Scheinheld.* Ödipus war das letztere.

Der wahre Held integriert seine Selbsterkenntnis, der ödipale Held, der Scheinheld, tut es nicht. Das ist wirklich der einzige Unterschied zwischen beiden. Aber dieser kleine Unterschied in unserer inneren Einstellung, in unserer Weltanschauung, in unserem Verhalten, in unserer Orientierung, macht einen riesenhaften Unterschied darin, welches Karma die Person für sich selbst kreiert.

Um es zusammenzufassen, würde ich sagen, dass der wahre Held für den Fortschritt der Menschheit kämpft, während der ödipale Held für den Rückschritt der Gesellschaft arbeitet.

Warum das so ist, ist eigentlich recht einfach zu verstehen. Die Mission des wahren Helden, da sie auf bewusster Wahl beruht, bringt einen Bewusstseinsvorsprung bei der gesamten Menschheit hervor. Die Mission des ödipalen Helden, da sie auf einer unbewussten Verschränkung mit äußeren Umständen beruht, bringt mehr Impulsivität und unbewusste Verkettung von Ereignissen bei der ganzen Menschheit hervor. Um es noch kondensierter auszudrücken, so könnte man sagen, dass der wahre Held mehr Licht, und der ödipale Held mehr Schatten hervorbringt.

Anders ausgedrückt könnte man den ödipalen Helden als den *Gegenspieler* in der menschlichen Evolution ansehen. Er ist deswegen in Amt und Würden immer in Zeiten des Faschismus, der politischen Restauration, religiöser Tyrannei und der Regression wahrer Spiritualität in fundamentalistischen Fanatismus.

Viertes Kapitel

Der ödipale Held

Es mag vielleicht noch nicht ganz einleuchten, was ein *ödipaler Held* eigentlich ist, so werde ich hier die Charakteristiken eines Mannes oder einer Frau, die Scheinhelden sind, näher ausführen.

Terminologisch gesehen müsste man den weiblichen Scheinhelden, im Einklang mit dem Freudschen Vokabular, eigentlich Elektra-Heldin nennen, aber um die Dinge zu vereinfachen, werde ich hier nur die männliche Variante untersuchen und überlasse es einer Frau, einmal die andere Hälfte der Geschichte psychoanalytisch zu erfassen.

Ich argumentiere mit dem I Ging, dass Zurückhaltung eher eine Tugend als ein Laster ist, wenn es um Wissen geht. Ehrlich gesagt fehlt es mir am emotionalen Wissen, um den anderen Teil zu schreiben, vor allem wenn es um unsere heißen sexuellen Strömungen geht; als Mann kann ich nur spekulieren, wie ein kleines Mädchen wohl die Liebe für ihren Vater erfährt, und hier findet Wissenschaft ihre natürliche Limitierung.

Wissenschaft ist nicht objektiv und wird es nie sein, und ein Mann, der das sexuelle Universum der Frau untersucht, wird niemals ein wirklicher Wissenschaftler sein. Darum limitiere ich diese Untersuchung ganz bewusst und beschränke sie auf die männliche Variante unseres ödipalen Helden. Hiermit gebe ich zum Ausdruck, dass ich überzeugt bin, dass es die weibliche Variante gibt, und lade daher weibliche Autoren ein, die andere Hälfte des Mondes dementsprechend zu eruieren.

Und es gibt noch einen anderen Grund für meine Vorsicht hier. Die Mutter-Sohn Beziehung kann kaum mit der Vater-Tochter Beziehung verglichen werden, denn die männliche Psyche ist fragiler als die weibliche, weswegen Mutter-Sohn Kodependenz weitaus devastierendere Folgen hat für das gesunde psychosexuelle Wachstum des Jungen, als Vater-Tochter Kodependenz für das psychosexuelle Wachstum des Mädchens.

Dies wird von den meisten Psychologen, Psychiatern und Psychoanalytikern heute anerkannt; diese Einsicht ist auch ein Bestandteil von zeitlosem Wissen und es ist keine sexistische Betrachtungsweise. Die beiden Geschlechter sind ungleich strukturiert auf der psychischen Ebene, eine Tatsache, die man vor allem in Zeiten von Krieg oder Bürgerkrieg, oder auch von Naturkatastrophen beobachten kann. Frauen haben sich in solchen Krisenzeiten immer als psychisch robuster erwiesen als Männer.

Allgemein muss man feststellen, dass Frauen statistisch gesehen länger leben, dass die Herzinfarktrate geringer ist bei ihnen als bei Männern, dass sie weniger als Männer unter chronischer Ermüdung und Depression leiden, und dass sie sowohl im Privatleben als auch am Arbeitsplatz besser imstande sind als Männer, mit Stress umzugehen und unter Stress immer noch Leistung zu erbringen.

Natürlich bestätigen Ausnahmen hier, wie überall, die Regel. Ich denke, die Charakterisierung des ödipalen Helden rein theoretisch und deduktiv abzuhandeln, würde uns in eine Sackgasse leiten. Stattdessen möchte ich das Problem mithilfe von Lehrfabeln und Geschichten aus dem Alltag aufzeigen. Da ich niemandem zu nahe treten möchte, habe ich die Identität der Personen so unkenntlich gemacht als nur irgend möglich! Mag der Leser Beispiele aus seiner Erfahrung oder aus dem öffentlichen Leben finden, die Ähnlichkeiten aufweisen.

Um es zu wiederholen, so ist die Hauptcharakteristik des ödipalen Helden sein Mangel an Selbstkenntnis.

Er kennt sein wahres Selbst nicht, besitzt eine schwache Identität und weiß so gut als nichts über seine Ursprünge; er hat ein Weltbild erschaffen, das ein Torso ist, weil im wahrsten Sinne des Wortes Hand und Fuß fehlen. So hat er aus seiner Lebensphilosophie all das ausgelassen, was seine wahre Identität verraten könnte; er weist Astrologie ab, wie jede andere Art der Divination, aber auch alles weniger esoterisches Wissen, das ihm Auskunft über sich selbst geben könnte. Mit einem Wort, er ist gegen Wahrheit, wirkliches Wissen, Intuition, und bastelt sich eine Wissenschaft zurecht, die ihm die Halbwahrheiten liefert, die ihn in seiner armseligen spirituellen Ignoranz bestätigen. So wie Ödipus in keiner Weise kontemplierte über sein Schicksal, als er das Orakel empfing, so zieht der ödipale Held hinaus in die Welt, um sie vom Bösen zu befreien, und hier ist es, wo sein Scheinheldentum beginnt. So wie Ödipus nicht erwog, nach Korinth zurückzukehren, um mehr zu erfahren über seine Ursprünge, so bringt der ödipale Held, metaphorisch gesprochen, seinen Vater um, indem er seinen Ursprung und sein Karma verleugnet. Und damit betrügt er sich selbst, und seine biologischen, spirituellen und genetischen Wurzeln.

Er räsoniert, er habe 'nie einen Vater' gehabt, er sei in einem 'ausschließlich weiblichen' Milieu aufgewachsen, er habe 'nichts gemeinsam' mit seinem Vater, da sein Vater in seinen Worten eine 'verlorene Seele' war, 'ein Trinker,' oder ein 'sozialer Freak,' 'hoffnungsloser Philosoph,' 'ewiger Student,' 'Penner', 'heimlicher Homosexueller,' 'versteckter Pädophiler' oder einfach jemand war 'der niemals hätte heiraten und ein Kind zeugen' sollen.

All diese Variationen des Themas 'Vater' quellen in Gesprächen oder in Korrespondenz mit ödipalen Helden auf, und sie klingen eher wie Monologe, die eine Maschine ausspuckt. Das ist die typische Art, wie Narzissten reden. Sie reden nicht 'mit' anderen, sondern 'an andere hin,' sie korrespondieren nicht 'mit' einer anderen Person, sondern masturbieren Gedanken auf ein Blatt oder in eine Email, die sie dann in die Welt ejakulieren. Wahrer Dialog mit anderen ist ihnen unbekannt. Sie predigen. Sie erbrechen Sprache. Ihre Monologe sind mechanisch, leblos, stereotyp, ohne Auf und Ab, ohne Hoch und Tief, monoton, wie von einer Computerstimme gesprochen.

Unter ihnen befinden sich viele, die mit Autorität anecken, oder mit dem Gesetz in Konflikt geraten, mit den Regeln, die für sie unsichtbar sind, und ganz logischerweise so, denn sie leben nicht in der Gesellschaft, im *hier-und-jetzt*. Sie leben auf ihrem eigenen Stern, und in der Unzeitlichkeit.

Unter ihnen sind auch viele Esoteriker und spirituelle Sucher. Die letztere Gruppe ist besonders interessant, weil sie, indem sie ihren Vater verleugnen, sie eigentlich das Leben selbst verleugnen, den Saft des Lebens sozusagen, Lust, Gefühle, Emotionen, spontanes Sich-Verlieben, Sex. All das ruft auf ihren blassen, leblosen, maskenhaften Gesichtern nur Stirnrunzeln hervor, oder ein herablassendes Lächeln, das besagt: 'Das kann *mir* doch nicht passieren!'

Sie haben reiche Lebenserfahrung durch ein armseliges dogmatisches, totes System von fundamentalistischen Glaubenssätzen ersetzt! Hier haben wir die sozial Behinderten, die Heimsitzer und Misanthropen, die Bombenleger, ob sie sich nun selbst als Terroristen ansehen oder nicht, hier haben wir die Diktatoren und Tyrannen, die projektiv die Welt bestrafen, um ihre Väter zu strafen. Und hier haben wir auch die Kinderschänder, die kleinen Mädchen oder Jungen durch Prügel, Kniffe und schmerzhafte Vergewaltigung zeigen wollen, 'wo's langs geht' und wie man sich 'anständig benimmt.'

Mädchen oder Jungen werden bestraft, weil sie nicht 'nett genug' sind zu einem, obwohl hier natürlich die unbeantwortete Frage an den Vater mitschwingt, die man nie äusserte: 'Bin ich denn nicht liebenswert?'

Und schließlich und endlich haben wir hier die sozialen Utopisten und Aktivisten für jedwede 'gute Sache,' die der Welt zeigen wollen, was 'wirkliche Liebe und Aufopferung' ist.

Alle sind sie ödipale Helden, nur dass unsere Gesellschaft in ihrer tiefgründigen Mystik die letzte Version des Scheinhelden in Ordnung findet, und die anderen nicht in Ordnung. Da die Gesellschaft sich der Gleichheit des Gleichen nicht bewusst ist, stellt sie den positiven Typus auf den Altar und betet ihn an, während sie die anderen auf die Müllhalden wirft, die man Gefängnisse und Irrenhäuser nennt.

Die Gesellschaft mag in gewisser Weise ahnen, dass beide Typen von Charakteren eine harte Kindheit hatten, aber die abstruse Moralität unserer Kultur beurteilt als stark und gut ein Verhalten, das die tiefe Verwundung, die viele von uns als Kind erfuhren, einfach wegleugnet; damit verkennt sie die psychologische Tatsache, dass es gerade die Anerkennung und Akzeptanz der Verwundung menschliche Reife und oblative Beziehungen ermöglicht.

Um dahin zu gelangen, muss man sich verbinden mit der Verwundung, ganz tief innen im Herzen, weil dann die ursprüngliche Demütigung kathartisch wirkt und dazu beiträgt, dass die Person ihr Herz anderen öffnet und also zum Mitgefühl fähig wird.

Unsere Kultur übersieht vollkommen, dass beide Typen von ödipalen Helden andere Menschen verwunden, mit dem Unterschied nur, dass der Psychopath, der Schizophrene oder der Terrorist es offen tun, sozusagen ehrlicherweise, und der Scheinheld, der soziale Aktivist, der zum Verfolger, Vigilante, Fundamentalist, Weltpuritanist, Moralpolizist und Geheimagent wurde, es in einer versteckten und projektiven Weise tut. Er schlachtet Menschen ab, die er als 'Unmenschen' stempelt, und er tut dies im Namen der 'guten Sache,' ohne sich bewusst zu sein, dass die Kirche in ihren Kreuzzügen das gleiche mit Heidenvölkern tat, die sie rücksichtslos niedermachte, weil sie ihnen die Seele absprach, und dass Hitler das mit Millionen von Juden tat, die er als 'unreine Rasse' denunzierte. Und so ist der ödipale Held denn, im Extremfall, ein Völkermörder, im Alltag ein Denunziant, und im Bett ein Sadist.

Geistig gesunde Menschen haben kein Verlangen, irgendjemanden zu 'retten.' Sie haben kein Interesse, Kriegszüge zu führen gegen Prostitution, Kindesmissbrauch, die Rechte der Frau, oder was auch immer. Sie akzeptieren die Welt, weil sie sich selbst akzeptieren. Und sie akzeptieren sich selbst, weil sie ihre Ursprünge kennen und akzeptiert haben, ihren Vater, und ihr Karma.

Die wichtigste Charakteristik des ödipalen Helden, und ganz im Gegensatz zum wahren Helden, ist also, dass er das, was er tut, unbewusst tut, und ohne zu wissen, *warum* er es tut. Er glaubt, dass er anderen und der Welt Gutes tut, wobei er sich eines mechanistischen Schemas von Gut-und-Böse bedient, das er in seiner Zeit als 'Mutters guter Junge' internalisiert hat.

Das Resultat ist, dass sein Verhaltenskodex in Granit gemeißelt erscheint, und sein Denken von Schwarz-Weiss-Urteilen bestimmt ist. Er sieht die Welt aufgespaltet in die 'Guten' und die 'Schlechten,' wie in einem Western, und seine politischen Ansichten folgen diesem Schema.

Die tiefere psychologische Erklärung, warum der ödipale Held so oft simplistisch, hart, trocken, entschieden und anklagend ist gegenüber der Welt und menschlichem Handeln ist, dass er sich innerlich verteidigen muss gegenüber der Einsicht, dass das Leben unendlich viel komplexer ist, als die Scheinwahrheiten es sind, die er vertritt. Diese Intuitionen, die er dann und wann bekommt von seiner inneren Stimme, muss er stark verdrängen, denn er spürt dass, wenn er sie zuliesse, er ziemlich von selbst auf den Pfad der Selbsterkenntnis gelangen würde, und dass er dann nach und nach die Wahrheit über sich selbst erfahren würde, und damit auch die Wahrheit über sein Karma. Das ist der Grund, warum er alles und jedes kurz und klar beantwortet, und es vorzieht, jede Kritik gleich im Ansatz niederzubrüllen, wie Hitler es in seinen Reden gewissermaßen prototypisch darstellt. Täte er das nicht, könnte er sein Netz von Lebenslügen nicht aufrechterhalten.

Das Universum leitet uns immer dahin, Selbstkenntnis zu erlangen, und man muss schon extrem hart und verschlossen sein, verurteilend und projektiv in seinem Gesamtverhalten, um diesen natürlichen Durst nach Selbstkenntnis im Keime zu ersticken.

Das bedeutet, funktional gesprochen, dass die Person Bioenergie in die Aufrechterhaltung der defensiven Charakterstruktur investieren muss, denn sonst würde diese aus Gründen natürlicher Entropie zerfallen.

Hier sind wir denn am Ursprung der Ätiologie der Neurose angelangt, wie Freud und andere sie beschrieben haben. Alles fängt an mit einer Verleugnung von Lust, der Lust nach Wissen, welche alle Formen des Lebendigen durchdringt, und es ist diese Verleugnung von Wissen, warum der ödipale Held fanatisch gegen Sex eingestellt ist—denn Sex bringt Wissen. Während Masturbation Unwissen bringt. Nur Geschlechtsverkehr bringt dieses direkte und nicht-intellektuelle Wissen; es ist sehr bezeichnend, dass man dieses Wort auch für 'sozialen Verkehr' gebraucht. Diese Wahrheit ist zudem sehr schön in der Bibel ausgedrückt, wo Geschlechtsverkehr gemeinhin mit 'fleischlichem Wissen' bezeichnet wird oder damit, dass ein Mann eine Frau oder seine Frau oder Freundin aufsucht, um sie 'zu erkennen.'

Es wird oft argumentiert, dass das hebräische Verbot der Masturbation darin begründet ist, dass Männer dazu ermutigt werden, prokreativ tätig zu sein, wenn sie sexuell tätig sind, aber in diesem Verbot mag auch ein Gebot enthalten sein, das Gebot nämlich, Geschlechtsverkehr im Sinne von sozialem Verkehr zu suchen, sich also sexuell zu 'sozialisieren,' statt sich zu Hause in schnöder Einsamkeit die Därme aus dem Leib zu masturbieren.

Der wahre Grund, warum im Altertum freie Sexualität den Sklaven vorenthalten war, ist ganz einfach der, dass Sexualität Wissen bringt, Identität, und Autonomie. Wie ich bereits ausgeführt habe, war Knabenliebe im Altertum der Adelsschicht vorbehalten und für Sklaven verboten. Einen Sklaven, der sich an Knaben vergriff, hätte man hinter Gitter gebracht.

Ein anderes gutes Beispiel ist die christliche Kirche. Jede Art der Sexualität außerhalb von Ehe und Fortpflanzung als Häresie zu verdammen, war ein starker Stützpfeiler des kirchlichen Dogmatismus und der damit verbundenen Ideologie der Repression und der sozialen Kontrolle. Die Kirche hat dieses Tabu aufrechterhalten durch drakonische Strafen, Drohung, Verfolgung, Tortur und geplanten Mord und Völkermord, durch die Inquisition. Das Resultat war, dass die Völker in Europa total ignorant blieben über Jahrhunderte hin, auch zum Beispiel in der Wissenschaft, während die arabischen Völker zu der Zeit eine Blüte von Freiheit, Wissenschaft und Kultur erlebten, da der Islam in dieser Frage ganz anders denkt. Die Wissensunterdrückung der Kirche ist denn auch der Grund, warum wir heute so gut wie nichts wissen über natürliche Empfängnisverhütung, während vor dem Holocaust der Inquisition in Europa dieses Wissen frei erhältlich war von Hebammen, Alchimisten und Naturheilern.

Die Herrschaft der Kirche wurde abgelöst vom modernen Polizeistaat mit der strukturellen Gewalt des Industriestaates und der Konzerne. Von daher hat das neuzeitliche Tabu der Partnersexualität des Kindes die gleichen ideologischen Gründe. Es stellt sicher, dass das Kind nicht durch frühe Sexualität 'erwacht' und so lange als möglich ignorant bleibt, und seine Identität so schwach als möglich bleibt—denn genau das ist die Persönlichkeitsstruktur, die die Konsumkultur benötigt, um zu funktionieren. Die gegenwärtige Dominanz multinationaler Konzerne über die Körper und den Geist der Menschen im Staate könnte nicht aufrechterhalten werden, wenn es Kindern erlaubt wäre, über ihre Körper frei zu verfügen, und von Kindesbeinen an Lust und Ekstase in ihren Leben zu erfahren, weil sie damit eine starke persönliche Identität bilden würden.

Und an diesem Punkt nun sollten wir eigentlich verstehen, warum der ödipale Held zeit seines Lebens ein *Masturbator* bleibt, und zwar sowohl wörtlich, als auch metaphorisch, indem er sich selbst gegen sich selbst reibt—und hierbei den warmen Kontakt mit anderen vermeidet.

Die letztere Charakteristik ist Teil seines selbst-einschliessenden Narzissmus, und ist ganz offensichtlich eine Folge seiner ödipalen Fixierung. Der ödipale Held ist ein brillanter Masturbator auch vor anderen, wenn es darum geht, Reden zu halten, in welchen er sein Gift in die Lager seiner bevorzugten Sündenbock-Gruppen spritzen kann.

Die andere Hauptcharakteristik des ödipalen Helden ist, dass er, obwohl er sich dessen nicht bewusst ist, ein *unterdrückter Pädophiler* ist. Er hat seine pädophilen Neigungen stark unterdrückt und verurteilt sie, zu einem Punkt, dass er das Schlüsselereignis in seiner Jugend, als solche Neigungen zum ersten Male in sein Bewusstsein traten, völlig verdrängt hat. Statt sich selbst zu fragen, warum er Kinder liebt, und auch wegen seiner Angst und Schuldgefühle, schließt er die Tür zu seiner inneren Welt und distanziert sich von dem juckenden Verlangen nach Nähe mit Kindern. Dies ist es, warum er als Folge von bioenergetischer Regression dann zum Pädophilenhasser, Verfolger und Vigilante wird.

Der Pädophile unterscheidet sich vom ödipalen Helden dadurch, dass er sein Verlangen für emotionale und sexuelle Umarmung von Kindern bewusst erlebt, und dass er es jedenfalls mehr oder weniger akzeptiert.

Es gibt natürlich unter den Pädophilen solche, die diese Liebeswahl nicht wirklich akzeptiert haben, die diese Option in ihrem Sexualleben nicht wirklich bewusst getroffen haben, und die als Folge davon ihr Schicksal verfluchen, zu einer der meistgehassten sexuellen Minderheiten in der Welt zu gehören. Diese halbgebackenen Pädophilen sind dann, eigentlich logischerweise, oft auch halbgebackene ödipale Heroen. Ich habe eine Anzahl von diesen Exemplaren gekannt und sah sie immer sehr involviert mit humanitären Organisationen, die sich um arme oder kranke Kinder, oder Waisenkinder bemühen. Aber sie haben aus ihrer Anziehung für Kinder die erotische Komponente so gründlich ausgejätet, dass sie zu Vipern wurden; es genügt, dass sie das kleinste verdächtige Signal in ihrer Umgebung detektieren, dass ein Erwachsener ein Kind auch nur 'falsch berührt' und sie werden zuschlagen und denunzieren.

Alle ödipalen Helden, ganz oder halb gebacken, haben gemeinsam, dass sie der Welt und sich selbst beweisen müssen, wie stark, gut, rechtschaffen, mutig, hart und entschlossen sie sind, und sie betonen bei jeder Gelegenheit, dass sie das, was sie tun, nicht aus Eigennutz tun, sondern 'für die gute Sache,' um dabei mitzuwirken 'die Welt zu verändern,' oder 'um einen signifikanten Beitrag zu leisten.' Es läuft ganz auf das simplistische Schema hinaus, dass Eigennutz schlecht und Altruismus gut ist, dass Egoismus besiegt werden muss durch Altruismus, dass das Ego dem aber im Wege steht, und so fort. Es ist das Vokabular des spirituellen Zirkus fundamentalistischer Religionen, das wir jeden Tag aus unseren Medien dröhnen hören.

Sie haben dieser Rhetorik sozusagen eine persönliche Note gegeben, um ihren Mordgeist und ihrer Lust, andere zu verwunden, zu rechtfertigen; wie der Pavian sitzen sie mit erigiertem Phallus der Gruppe vor, um die 'bösen Jungen' durch schmerzvolle anale Vergewaltigung zu strafen—zumindest in ihren Phantasmen. Die meisten werden es im Rahmen legaler Strafverfolgung tun, aber einige tun es mit ihren Körpern, wenn sie zum Beispiel einen Pädophilen im Gefängnis ausmachen und dieser sich nicht wehren kann, weil sie in der Überzahl sind oder die Wärter die Augen schliessen und es zulassen.

In ihren sexuellen Fantasien, und weil sie einen Großteil ihrer Genitalität verdrängt haben, haben sie, um es psychoanalytisch zu formulieren, eine Regression in Analität durchgemacht, welches der Grund ist, warum man diese Zeitgenossen nicht gerne um sich hat, denn sie sind immer auf der Lauer, immer aggressiv und kampfbereit, und mit Emotionen und Hormonen überladen, deren Integration sie nie gelernt haben. In ihren Beziehungen mit Frauen sind diese Männer eher ungehobelt, denn sie haben nie verstanden, was Zärtlichkeit eigentlich bedeutet und glauben, ein 'richtiger Mann' habe roh zu sein und raubauzig, kurzangebunden und scharf, und hartkantig; zudem habe er 'obenauf ' zu sein, auch sexuell.

Darum können sie einfach mit Frauen nicht umgehen und haben daher auch wenig Erfolg beim anderen Geschlecht, was sie nur noch unbehaglicher werden lässt.

Zuhause werden sie sich so gut wie nie um die Kinder kümmern, denn sie glauben, Hausaktivitäten seien nur etwas 'für Frauen' und dass die Männer 'draußen' ihr Verdienst haben und ihre Einkünfte. Sie hassen imponierende und emanzipierte Frauen, und das ist in ihren Augen bereits dann der Fall, wenn eine Frau ihre eigene Meinung hat. Dann wird sie als 'stur' bezeichnet. Wenn sie sich verteidigt, jeden Tag für Kleinigkeiten geschlagen zu werden, wird sie als 'Emanze' verschrieen, wenn sie ein schönes und ästhetisches Heim liebt, wird sie 'extravagant' genannt. Wenn sie zärtlich und warm ist mit den

Kindern, wird sie 'Henne' genannt. Und wehe ihr, wenn sie hübsch ist; denn dann wird sie konstant von ihm verdächtigt, 'eine Affäre' zu haben. Und wenn sie wirklich eine Affäre hatte und ertappt wird, wird sie als 'Nutte' ausgeschimpft und hinausgeworfen.

Ödipale Helden fühlen sich in rohen Sportarten zuhause wie Boxen, Rugby oder Rennfahren, und sie füllen tagtäglich unsere Body-Building Centers, damit sie ihren Anzug mit 'Extragröße' bestellen können, ganz einfach weil sie nur noch wie Muskelpakete herumstapfen.

Ganz offensichtlich bevorzugen sie *bodybuilding* über *mindbuilding*, und daher sind sie mehr und mehr in der großen Politik zuhause, denn hier hatte Intelligenz bekanntlich noch nie Priorität. Intellektuell sind ödipale Helden mittelmäßig, obwohl sie eine ganze Menge Zeit und Energie in Lernen stecken mögen.

Aber wenn sie in Gesellschaft von brillanten Menschen sind, Männern, die Universitätskarrieren absolviert haben, oder die genial sind, fühlen sie sich klein und unbedeutend, denn sie leiden unter starken Minderwertigkeitskomplexen, und wissen im übrigen, dass sie schlechte Partygäste sind, weil ihnen ein schneller Geist für gute Konversation gänzlich abgeht.

Wenn es ums Benehmen geht, so sind sie ziemlich ungehobelt, weswegen sie dazu tendieren, nicht allein, sondern mit einer Gruppe von Freunden aufzukreuzen, denn das gibt ihnen ein Gefühl der Sicherheit im Falle, sie begehen einen *faux pas*. Sie hassen es, sich 'gut anziehen' zu müssen und zu einer Rezeption allein zu gehen; in den meisten Fällen, wenn sie nicht mit ihrer Crew aufkreuzen können, bleiben sie einfach zuhause und sagen ab.

Sie sind die Traumfiguren naiver Provinzmädchen, und haben ihren Ruhm auf dem Buckel der einfachen Leute erlangt, vor allem im Hollywood Film. Ihr unsicheres Benehmen wenn in guter Gesellschaft wird als der Charme des ewigen Jugendlichen ausgelegt, dem Peter Pan der Märchen. Sie haben entschieden dazu beigetragen, den *American Dream* zu bilden, und in der farbenfrohen Welt von Hollywood sind sie Standardrequisite.

Die verborgene Seite ihrer Glorie, und ihrer gloriosen Rechtschaffenheit, ist ihre titanische Gewalttätigkeit! In den meisten Fällen sind diese Männer sich bewusst, dass sie ein Problem haben, ihren Ärger, ihre Wutausbrüche, Hasstiraden und Mordimpulse in konstruktive Bahnen zu leiten. Es sieht alles so aus bei ihnen, dass sie nur auf eine Gelegenheit warten, um Amok zu laufen und alles herum niederzuknallen, um sich zu beweisen, dass sie 'wirkliche Männer' sind. Die verborgene Gewalttätigkeit des ödipalen Helden war anschaulich dargestellt im Film Dr. Jekyll und Mr. Hyde, welcher eine gute Metapher darbot für den schizoiden Split, unter dem diese Männer leiden. Hier der gute Doktor, dort der böse Kobold, zwei Seiten derselben Medaille, wenn der gute Bürger sich in Sekunden in einen blutrünstigen Tiermann verwandelt. Die Natur rächt es, wenn wir unsere Eigenheit unterdrücken, denn dann werden wir von genau den inneren Energien kontrolliert, die wir verneint haben.

Indem sie ihre Pädoemotionen verdrängt haben, oder allgemeiner ausgedrückt, indem sie Liebe durch Moralismus ersetzten, welches genau der Punkt ist, wo sie gegen die Natur handeln, haben ödipale Helden sich tief fragmentiert, welches in extremen Fällen zur Persönlichkeitsspaltung führen kann.

Das Resultat ist dann, dass die Person mit zwei Split-Persönlichkeiten lebt, und das Gefährliche dabei ist, dass jede der beiden nur für das verantwortlich steht, was sie angerichtet hat, nicht aber für das, was die andere Split-Person getan hat. Wenn der Tiermann also mordet, und sich dann in den guten Doktor zurückverwandelt, so kann der Doktor strafrechtlich nicht für den Mord verantwortlich gemacht werden, denn er weiß davon nichts.

Obwohl dies recht selten vorkommt, so kann doch gesagt werden, dass diese Pathologie in unserer Gesellschaft wahrscheinlicher ist, als in natürlicheren und integrierteren Kulturen, denn der schizoide Split ist die Wurzel unserer Doppelmoral. Darum spreche ich eben von *ödipaler Kultur.*

Während wir ödipale Helden jeden Tag im Alltag sehen, und in unseren Medien, da sie so populär sind, und mit jedem Tag populärer, so sehen wir doch in den meisten Fällen nur ihr Licht, und nicht ihren Schatten. Wir sehen nur das, was sie öffentlich sagen und tun, nicht das, was sie hinter verschlossenen Türen sagen und tun.

Es wird alles so eingerichtet, dass wir von diesem Wissen abgeschottet sind. Denn erführen wir es, wären wir schockiert.

FÜNFTES KAPITEL

NARZISS UND ÖDIPUS

Narziss, nach der Legende, verliebte sich in sein eigenes Spiegelbild. Schon in seiner Kindheit wurde seine Schönheit von aller Welt bestaunt und bewundert. Narziss selbst jedoch, der niemals sein Spiegelbild gesehen hatte, war seine Identität verborgen.

Eines Tages, als er an den Ufern eines Teichs wandelte, aus dem noch kein Tier getrunken, in den noch kein Vogel getaucht und in den noch kein Zweig eines Baumes gefallen war und welchen darüber hinaus noch kein Mensch gesehen hatte, fühlte er sich plötzlich von einer Mattigkeit befallen. Er setzte sich an den Rand des Teichs und beugte sich über das Wasser, um zu trinken.

Da sah er sein Doppel, durch den Teich gespiegelt. Zuerst wollte er das göttliche Bild erfassen und küssen — aber dann erkannte er, dass er sein eigenes Antlitz erblickt hatte. In sich selbst verliebt, verbrachte er Stunden in Melancholie und im Bedauern, diese Zwillingsschwester, die sein eigenes lebendes Abbild war, niemals besitzen zu können.

Schließlich konnte Narziss die Agonie dieser unmöglichen Liebe nicht mehr ertragen. Er stieß sich einen Dolch ins Herz mit dem Schrei, 'Adieu, schöne Liebe, die keine Hoffnung hat!' An der Stelle, wo sein Herzblut den Boden netzte, wuchsen weiße Narzissen mit roten Herzen. Soweit die Legende.

Auf den ersten Blick könnte man geneigt sein anzunehmen, dass Narziss lediglich ein Bild ist für die Eitelkeiten der Eigenliebe. Aber in Wahrheit stellt dieses Bild die *Entdeckung des eigenen Ich* dar. Einen anderen lieben zu können, setzt voraus, dass man die eigene Person erkannt hat und den eigenen Wert, also Selbsterkenntnis und Selbstwertgefühl erlangt hat.

Denn in einem anderen Menschen das zu suchen, was man in sich selbst noch nicht entdeckt hat, ist ein gefährliches Unterfangen, das keine Frucht trägt. So ist der offenbare Egozentrismus von Narziss in Wirklichkeit der Anfang der Aufdeckung der Gründe, warum er *liebenswert* ist. Die Eigenliebe führt also zur Fähigkeit, andere lieben zu können.

Diese Tatsache muss zusammen gesehen werden mit der Erziehung des kleinen Kindes und dessen Verhältnis zur Mutter. Es ist kein Zufall, dass es im Mythos heißt, die Mutter von Narziss habe alle möglichen Vorkehrungen getroffen, um zu verhindern, dass ihr Kind sich in einem Spiegel entdecken konnte! So, wie die Mutter von Narziss, sind alle Mütter, die keine Zeit, Gedanken oder

Aufmerksamkeit für ihr Kind haben. *Die Mutter ist der Spiegel für das Ich des Kindes.* Dieses Ich kann sich nur bei einem Kinde entwickeln, dessen Mutter die Spiegelfunktion zu erfüllen bereit ist und tatsächlich auch erfüllen kann. Einer narzisstisch fixierten Mutter wird dies nicht gelingen; denn sie hasst sich selbst! Regelmäßig sind solche Mütter ebenso verraten worden von ihren eigenen Müttern als sie Säuglinge waren!

Eine solche Mutter wird nämlich bei ihrem Kind suchen, was sie bei ihren Eltern nicht gefunden hat, das heißt, sie versucht sich im Kinde zu spiegeln, sie vertauscht die Rollen, sie bürdet dem Kinde *Elternqualitäten* auf, mit einem Wort: sie überfordert es völlig. Das hat wiederum zur Folge, dass die Egoentwicklung bei ihrem Kind ebenso unvollständig ablaufen wird, wie dies bei ihr selbst als Kind der Fall war.

Hier ist also ein gewisser Teufelskreis mit im Spiel: das Kind wird als Erwachsener ein ebenso defizientes Ego aufweisen. Tritt diese Problematik bei alleinstehenden Müttern auf, das heißt in Familien, wo ein Vater dem Kind fehlt, entweder weil er starb oder die Eltern sich getrennt haben, kompliziert sich das Problem.

Fehlt ein Vater, mit dem sich der Junge identifizieren kann, oder macht die Mutter eine solche Identifizierung unmöglich, indem sie den Vater in den Augen des Sohnes herabsetzt, so kann zusätzlich zur narzisstischen Problematik eine *ödipale Fixierung* treten, das heißt eine sexuelle Fixierung des Sohnes auf die Mutter.

Wie ich bereits weiter oben ausführte, tötete Ödipus, nach der Sage, seinen Vater und heiratete seine Mutter. Er tat dies beides allerdings unbewusst, denn er kannte seine Eltern nicht. Eine solche ödipale Fixierung wird für den kleinen Jungen besonders dann zu einem akuten Problem, wenn die Mutter sich verführerisch ihm gegenüber verhält. Eine solche ödipale Bindung zwischen einem Elternteil und einem Kind geht jedoch in aller Regel nicht mit einer Ausführung des Inzests einher. Vielmehr ist gerade kennzeichnend eine gewisse Püdibonderie zwischen den Familienmitgliedern und ein auffälliger Mangel an Hautkontakt und körperlicher Nähe.

Es ist gerade dieser Konflikt zwischen Unausgesprochen-Verdrängtem, mangelnder sexueller Aufklärung des Kindes und Prüderie einerseits, und durch unbewusste Handlungen, Gesten oder offen possessives Verhalten des Elternteils ausgelöstes sexuelles Verlangen des Kindes nach dem Elternteil, andererseits, die den ödipalen Konflikt auslösen.

Bei ausgeführtem Inzest gäbe es keinen psychischen Konflikt. Die ödipale Situation ist gerade so quälend für das Kind, weil die Trieberfüllung versagt wird. Das erzeugt auch die Aggression gegenüber dem gleichgeschlechtlichen Elternteil, die, wenn sie verdrängt wird, zu starken Schuldgefühlen oder gar autodestruktivem Verhalten beim Kind führen kann.

Um beim Beispiel der Mutter-Sohn Beziehung zu bleiben: der ödipal an die Mutter fixierte Sohn, der keinem Vater gegenübersteht, da dieser abwesend ist, hat

natürlich keinen Vater aus dem Weg zu räumen, um sexuellen Zugang zur Mutter zu haben. Umso schwieriger
wird für ihn das ödipale Problem sein. Gerade nämlich,
weil Konflikt mit dem Vater *nicht* besteht. Bestünde er
nämlich, so könnte er gelöst werden durch das Ausleben
der Rivalität mit dem Vater. Denn bei verführerischem
Verhalten der Mutter, steht der Ausführung des Inzestes
eigentlich nichts entgegen — bis auf das Tabu.

Für den kleinen Jungen aber, der von diesem Tabu in
aller Regel nichts weiß, bedeutet der mangelnde Wille
der Mutter für Sex ein Signal mangelnder Liebe. Daher
wird der kleine Junge, der seine Mutter sexuell begehrt,
die Aggressionen, die er im Normalfall auf den Vater projizieren könnte, gegen sich selbst richten, was in entsetz-
lichen Schuldgefühlen endet und letztlich einer Verurtei-
lung des sexuellen Verlangens als solchem.

Dies wird in der Psychoanalyse *Kastrationskomplex*
gennant. Versucht die Mutter, wegen der Abwesenheit
des Vaters, diesen zu ersetzen, indem sie besonders
streng ist zu ihrem Sohn, obwohl gleichzeitig verführerisch wegen ihres eigenen ungelösten ödipalen Dilem-
mas, so wird der Sohn die Aggressionen teilweise auf
sich, teilweise aber auch gegen die Mutter richten. Dies
verursacht einen besonders schweren Schaden in seiner
Psyche, denn auf diese Weise koppeln sich sexuelles Verlangen, Aggressivität und Angst aneinander, was dazu
führen kann, dass später Sexualität nur noch in angstbe-
setzt-sadistischer Weise erlebt werden kann.

Diese wenigen Ausführungen zeigen deutlich, dass man mit Bestrafung und Hass in diesem ganzen Problembereich nichts Positives ausrichten kann. Unser veraltetes rein punitiv-rächendes Strafsystem wird solchen Fällen nicht gerecht. Auf diese Weise straft man eigentlich Kinder für die Fehler ihrer Eltern. Das wurden sie aber im Grunde schon als Kind, da die Eltern ihnen das vorenthielten, was sie unbedingt zu ihrer gesunden Entwicklung benötigten, nämlich ungeteilte Aufmerksamkeit, Zeit und Affektion.

Abschließend möchte ich meiner Überzeugung Ausdruck geben, dass die ödipale Problematik nicht so universal ist, wie von den meisten Anthropologen und Psychologen angenommen. Sie ist nämlich meiner Ansicht nach ein Kulturphänomen und kommt dadurch überhaupt nur auf, weil dem Kinde seine natürliche Sexualität in unserer judeochristlichen Kultur seit einigen Jahrhunderten versagt wird.

Das Kind ist nicht von Natur aus inzestuös veranlagt! Wer Freud so versteht, versteht ihn falsch. Freud hat diese Fragen ganz bewusst vor dem Hintergrund unserer kulturellen Verbote und Tabus belichtet. Denn es ist bezeugt, dass, als Wilhelm Reich ihm von den anthropologischen Forschungen Malinowskis bei den Trobriandern berichtete, Freud darauf konterte:

—Die Kultur geht vor!

Für Freud war eine Psychoanalyse, die die freie Sexualität der Kinder bejahte, nicht undenkbar. Freud selbst hatte in der Hinsicht ziemlich liberale Ansichten, was viele seiner Nebenbemerkungen wie auch Briefe und andere biographische Zeugnisse deutlich machen. Und da sollte heute mancher verbissener Freudianer, wie zum Beispiel Lloyd DeMause einmal nachsehen, bevor er Kindersexualität in Bausch und Bogen verurteilt und als pädophile Projektion abtut.

Der Grund, warum Freud freie sexuelle Beziehungen von Kindern — mit anderen Kindern — nicht als die Norm ansah, war einfach unsere Kultur und Tradition in dieser Hinsicht. Freud war sich bewusst, dass seit dem Ende des 17. Jahrhunderts hier eine deutliche Wende stattgefunden hatte, vor allem in der Bürgerschicht, während vor dieser Zeit kindliche Sexualität ziemlich frei war, jedenfalls in agnostischen Kreisen. Und das sowohl bei Familien, die, wie Freud, dem aufgeklärten Judentum angehörten, wie bei Familien, die zwar dem Namen nach christlich waren, wo aber das Bekenntnis in keiner orthodoxen Weise gehandhabt wurde und es bei der Erziehung vor allem darum ging, dem Kind Liebe zu geben und es glücklich zu sehen.

Vor diesem kulturellen Ausgangspunkt, den Freud einfach nahm wie er ist und respektierte, beobachtete er korrekterweise, dass eine libidinöse Ausrichtung des Kindes auf die eigenen Eltern zur Regel wurde, wo sie in Kulturen wie Trobriand, wo Kinder ein volles Sexualleben mit anderen Kindern leben, eine seltene Ausnahme darstellt, oder gar völlig undenkbar ist.

Wenn heute Psychoanalytiker proklamieren, dass Kinder, die sexuell frei aufwachsen, psychische Schäden davonträgen, oder dergleichen Unsinn, so können sie sich meinetwegen auf den heiligen Geist berufen, aber jedenfalls nicht auf Freud, den Begründer der Psychoanalyse!

Dass Freud und Reich nicht miteinander auskamen, weil Reich sich aktiv politisch für die sexuelle Befreiung des Kindes einsetzte, bedeutet nicht, dass Freud aus sozusagen fachlichen Gründen gegen die Sexualität des Kindes gewesen sei, sondern dass er das Kindersextabu unserer Gesellschaft als *kulturbegründend* ansah.

Die Spannungen zwischen Freud und Reich stellten also eine kulturbedingte Meinungsverschiedenheit dar, nicht eine fachbedingte. Und in der Sache haben nicht nur die Feldforschungen Malinowskis und Margaret Meads bei den Trobriandern und anderen Tribalkulturen, sondern auch die Erfahrungen mit freier Kindersexualität in den Kommunen der 70er Jahre gezeigt, dass Kinder, die früh sexuell aktiv sind, erstaunlich hohe manuelle Kapazitäten und ein höheres Verantwortungsgefühl besitzen, und dass sie gesundheitlich stärker sind, mit einem weit effektiveren Immunsystem, als Kontrollkinder aus traditionellen Familien, die Sexualität entweder gar nicht oder nur verschämt-heimlich leben können.

— Siehe zum Beispiel Larry L. & Joan M. Constantine, *Treasures of the Island: Children in Alternative Lifestyles (1976)* und *Where Are the Kids? (1977)*, Floyd M. Martinson, *Sexual Knowledge, Values and Behavior Patterns (1966)*, *Infant and Child Sexuality (1973)*, *The Quality of Adolescent Experiences (1974)*, *The Child and the Family (1980)*, *The Sex Education of Young Children*, in: *Sex Education in the Eighties*, 1981, 51 ff., *The Sexual Life of Children (1994)*, in: *Children*

and Sex, Part II: Childhood Sexuality, in: Bullough &
Bullough, *Human Sexuality (1994)*, Bronislaw Malinowski, *The
Sexual Life of Savages in North West Melanesia (1929)*, Margaret Mead, *Sex and Temperament in Three Primitive Societies (1935)*, Albert Moll, *Das Sexualleben des Kindes (1909)*,
Hedy S. Porteous, *Sex and Identity (1972)*, Alayne Yates, *Sex
Without Shame: Encouraging the Child's Healthy Sexual Development (1978)*.

Diese Untersuchungen haben zu der Beobachtung
geführt, dass bei sexuell freien und permissiv erzogenen
Kindern keine oder nur sehr schwache sexuelle Gefühle
für die Eltern oder einen Elternteil bestehen. Diese Kinder leben ihre Sexualität in aller Regel ausserhalb der
Familie, mit Kindern ihres Alters und auch mit Erwachsenen, mit denen sie Liebesbeziehungen unterhalten.

Françoise Dolto (1908–1988), die französische Kindertherapeutin, selbst Freudianerin, hat dies klar bestätigt.
In ihrem Buch *La Cause des Enfants (1985)* schreibt sie:
'Heutzutage ist die Verdrängung in unserer Gesellschaft
höher als je zuvor. Auch bei Kindern. Es scheint, dass in
früheren Zeiten nicht dieselben Verbote bestanden gegenüber freiem sexuellem Spiel zwischen Kindern, ausgenommen zwischen Brüdern und Schwestern, und zwischen Kindern und Erwachsenen, ausgenommen den Eltern.' (Id., 30)

Sechstes Kapitel

Der Liebesvernichter

Die Figur des *Don Quijote* in dem bekannten Roman von Cervantes hat viele Züge eines ödipalen Helden. Beide kämpfen sie gegen Windmühlen an, weil sie ausserhalb der Realität leben, in der Welt ödipaler Fantasien, wo es immer um einen guten und großen Helden geht, der sich an der bösen und kleinen Welt rächt.

Was sie darüber hinaus gemeinsam haben ist, dass sie Probleme sehen, wo keine sind, dass sie sich konstant einmischen in die Angelegenheiten anderer Menschen oder, wenn sie Staaten sind, in die Angelegenheiten anderer Staaten.

Das bringt mich dazu, die tragische Mixtur von Narzissmus mit einer ödipalen Fixierung einmal genauer zu betrachten. Die Autorinnen von *The Mythic Journey* sprechen über die 'Tragödie narzisstischer Liebe.'

Jedoch müssen wir einen Schritt weitergehen, um den Narzissmus des ödipalen Helden zu verstehen, denn er ist seiner Ödipalität gewissermaßen aufgepfropft, und das ist genau der Grund für die abgründige Destruktivität dieser Männer. Wo immer sie Liebe antreffen, in ihren eigenen Leben oder im Leben anderer, sind sie darauf aus, diese Liebe mit allen ihnen zur Verfügung stehenden Mitteln zu zerstören.

Liz Greene und Julia Sharman-Burke schreiben: 'Dieser traurige Mythos vom alten Griechenland spricht von Passion und Zurückweisung, und zeigt uns, wie Auge-für-Auge und Rachedenken, weit davon, irgendeine Lösung zu bringen, alles nur schlimmer machen. Wichtiger noch, dies impliziert, dass wenn wir uns selbst nicht kennen, wir unser Leben vielleicht damit verbringen, diesem Wissen durch Obsessionen nachzujagen—was darauf hinausläuft, dass wir anderen keine Liebe geben können.' (Id., 124)

Narzissmus ist nicht das, was die meisten Menschen sich unter dem Begriff vorstellen. Es ist nicht Eigenliebe, sondern das genaue Gegenteil davon. Narziss war taub gegenüber den Worten der Nymphe Echo, nicht weil er sich zu viel liebte, sondern weil er obsediert war mit sich selbst. Selbstabsorption ist nicht Selbstliebe, sondern eine Kompensation für das innere Vakuum, die innere Leere, welche die Folge des Mangels an Selbstkenntnis ist, und auch die Folge des Mangels einer natürlichen Spiritualität.

Es ist Seelenverlust. Wir können andere nicht lieben, wenn wir seelenlos sind und bedeutungslose Leben leben, wenn wir keine spirituelle Orientierung haben, und wenn wir nicht wissen, wer wir eigentlich sind.

Narzissten und solche, die die doppelte Pathologie einer narzisstischen und ödipalen Fixierung besitzen, und die ich 'ödipale Helden' nenne, verstehen viele Dinge unter dem Wort Liebe. Sie verstehen zum Beispiel, dass es eine Situation ist, wo man andere ausnutzen kann, wo man andere übervorteilen kann, wo man in einsamen Momenten Trost findet, wo man eine Frau hat, die einem Kinder gebärt—welches also ein utilitaristisches Konzept von Liebe ist.

Sie mögen andere Konzepte von Liebe kennen, aber sie gelangen selten oder nie zu der Einsicht, dass all das nicht Liebe ist, sondern konzeptuelle Formen, die man errichtet hat für etwas, von dem man nicht die geringste Ahnung hat. Es sind die sprichwörtlichen Finger, die zum Mond zeigen, aber nicht der Mond selbst, wie es die Zen-Weisheit ausdrückt. Es sind Landkarten, aber nicht das Territorium.

Wenn Narzissten sagen, sie liebten jemanden, so implizieren sie damit emotionale und sexuelle und oft auch materielle Erfüllung und Befriedigung. 'Ich habe eine Frau und zwei Kinder. Ich habe eine Familie. Ich habe ein Heim. Ich habe gute Gesellschaft. Ich habe Sicherheit. *Ich habe.*'

Der ödipale Held ist ganz und gar auf der Seite dessen, was Erich Fromm das 'Haben' nennt und sehr wenig auf der Seite des 'Seins.' Er glaubt, dass 'Sein' etwas ist für Künstler, Kinder und Lebensberater. Für ihn muss alles einen Grund haben. Und wenn es keinen hat, dann wird er der Sache oder der Empfindung einen Grund geben.

Der Scheinheld badet förmlich in Konzepten; die Idee, dass man Realität eigentlich nur dann direkt wahrnehmen kann, wenn man sich von allen Konzepten frei gemacht hat, ist ihm fremd.

Ich habe den Beweis für alles, was ich hier sage, oftmals gehabt in meinem Leben, in meinen Beziehungen mit ödipalen Helden, welche die meiste Zeit für ein soziales Ideal kämpfen, und die aggressiv und polemisch gegen Alkohol, Rauchen und jede Art von bewusstseinsalterierenden Drogen eingestellt sind.

Diese Männer leiden in fast allen Fällen unter ständigen Depressionen, und erfahren wiederholt Rückschläge in Beziehungen, und viele unter ihnen klagen auch über schwer zu kontrollierende sexuelle Obsessionen. Wenn ich ihnen vorschlage, einmal ruhig zu werden und kontemplativ, und einmal über den Zaun ihres endlosen Aktivismus zu schauen, und also auf eine Entdeckungsreise zu gehen, entweder durch Meditation oder Kontemplation, oder aber durch die Einnahme von *Ayahuasca*, bekomme ich die Antwort, die Person sei 'gegen Esoterik,' 'gegen New Age Rummel,' 'gegen Drogenmissbrauch' oder 'gegen Tagträumertum' eingestellt.

Auffallend in ihrer Diktion ist, dass sie an jeden Begriff einen –ismus anhängen. Einer schrieb über mein Glossar, er finde es gut, aber er könne meinen 'Mystizismus und Spiritualismus' nur schwer begreifen. Als ich ihn darauf hinwies, wie sehr doch seine Beziehungen jeder Liebe ermangelten, meinte er, er habe keinen Sinn für soviel *Lovismus.* Und in darauffolgenden Emails zählte er mir dann alle möglichen Gründe dafür auf, dass es Liebe in dieser Welt nicht geben könne, und niemals in der menschlichen Rasse bestanden hätte, weil Liebe eben ein religiöses oder intellektuelles Konzept sei, nicht aber etwas Reales.

Was ödipale Helden suchen, ist natürlich Liebe, Freundschaft und Verständnis. Der Hauptgrund ist psychologisch jedoch, dass sie ihre innere Leere mit den Lebensgeschichten anderer Menschen füllen wollen, anstatt ihre eigene Geschichte erst einmal zu verstehen und zu verdauen.

Aber das ist eben wiederum typisch für sie, zu schnellen Schlüssen zu gelangen, ohne Dinge in sich selbst reifen zu lassen und damit ihre Seele zu bereichern. Für sie geht es nicht darum, Erfahrungen wirklich zu *integrieren*, es geht ihnen darum, Erfahrungen zu akkumulieren, weil sie quantitativ denken, nicht qualitativ.

Der Grund ist oft, dass sie unter *Boomeritis* leiden. Sie übernehmen unkritisch alles, was sie modisch finden, sogar wenn es etwas ist, was anstössig ist, wenn sie sich nur damit identifizieren können für eine gewisse Zeit. Das hilft ihnen über die innere Leere hinweg, und es gibt ihnen allen Grund, anderen die Ohren voll blasen zu können. Und da es heute eben Mode ist, Pädophilie zu verdammen, so haben sie sich in die ersten Ränge der Verdammer eingeräumt. Für sie ist Kindliebe eine Perversion und sie fragen nicht, was Männer oder Frauen zu sagen haben, die sexuell von Kindern angezogen sind. Für sie gibt es hier, wie in allem, eine einfache und klare Lösung.

Sie befürworten Euthanasie oder eine andere grausame 'Endlösung.'

Sie haben natürlich keine Ahnung, was die Ätiologie der Pädophilie ist und sie wollen auch nichts davon wissen. Es geht ihnen darum, die Dinge einfach und quadratisch anzupacken, als ob man die Welt, Menschen und Liebe mit simplen Konzepten verstehen könne. Sie fragen gar nicht einmal; es liegt in ihrer Natur, schnelle Antworten zu haben für Dinge, von denen sie in Wahrheit keine Ahnung haben.

Was die Ätiologie der Pädophilie angeht, und was spezifisch pädophile Anziehung ist, und was sie nicht ist, darüber habe ich in anderen Publikationen geschrieben. Wenn jemand nur ein einziges Mal oder nur über eine kurze Zeit sexuelle Anziehung für ein Kind empfand, so bedeutet das keinesfalls, dass die Person pädophil ist, und noch weniger, dass sie 'ein Pädophiler' oder 'eine Pädophile' ist.

In diesem Zusammenhang ist es wichtig klarzustellen, dass es einen definitiven und umgrenzten Persönlichkeitstypus des Pädophilen *nicht gibt,* auch wenn das in der Presse oft behauptet wird. Es gibt nur pädophile Menschen, und sie sind alle anders, und jeder hat sein eigenes individuelles psychisches Mosaik, so wie das bei jedem Heterosexuellen oder Homosexuellen der Fall ist.

Die Idee vom pädophilen Raubtäter ist eine der typischen dumm-aggressiven Polemiken der Massenmedien und als solche für den Forscher wertlos, denn alle Untersuchungen sprechen gegen diese Annahme.

Diese Polemik der Presse ist gefährlich und verantwortungslos, denn sie kann zu neuen Euthanasiegesetzen führen, weswegen Lügenpropaganda gesetzlich verboten werden sollte! Sie ist sowohl verfassungswidrig, als auch strafrechtlich gesehen eine Variante von Rufmord und Verleumdung, wenn sie sich gegen spezifisch identifizierbare Personen richtet.

Meine Forschung hat klar ergeben, dass wir alle *Pädoemotionen* haben, welches bedeutet, dass wir intensive Liebesgefühle Kindern gegenüber haben — vorausgesetzt, wir sind weder neurotisch, noch sadistisch, noch auch narzisstisch-ödipal fixiert.

Während also Pädoemotionen universal sind, so ist die Besonderheit doch, dass bei Pädophilen diese emotionale Anziehung zum Kinde sich in gewisser Weise *sexualisiert* hat; manchmal, nicht jedoch im Regelfall, kann diese Fixierung gar so weit gehen, dass der Mann oder die Frau nur noch mit Kindern Partnerbeziehungen unterhalten möchte. Als Folge davon ist sowohl ihr intellektueller Fokus, wie auch ihre emotionale, als auch ihre sexuelle Energie auf Kinder ausgerichtet, und dies ist wahrhaft ein interessantes Phänomen.

Wichtig in dem Zusammenhang ist zu verstehen, dass solche Anziehung niemals generell ist, sondern immer spezifisch. Die Anziehung richtet sich in aller Regel nicht auf 'das Kind' als solches, sondern auf eine bestimmte, wohl umgrenzte Altersgruppe von Kindern, Jungen oder Mädchen, sozusagen als Ausgangsposition. Dann, wenn ein solcher Erwachsener sich in ein bestimmtes Kind verliebt, so ist dies ganz genauso individuell und ausserhalb rationaler Kategorien, wie das der Fall ist, wenn ein Mann sich in eine Frau verliebt, oder eine Frau in einen Mann. Es ist ganz genau derselbe Vorgang.

Da diese Fakten heute nur wenigen Forschern bekannt sind, ist es für ödipale Helden ein Genuss und ein Zeitvertreib, über Pädophile herzuziehen in der Öffentlichkeit, um solchermaßen ihre Projektionen los zu werden. Dieselben Projektionen sind natürlich am Werk, wenn es um ihre eigenen pädophilen Neigungen geht, weswegen sie sich gern ein 'Schutzschild' anlegen in Form einer 'festen Freundin.' Nur leider sind sie zu feige, irgendeiner jungen Frau den Hof zu machen.

Interessanterweise hat Freud, der gewiss genügend Material zum Studium hatte, behauptet, Pädophile seien einfach zu feige, sich einer Frau zu nähern. Er war in der Hinsicht natürlich voreingenommen wenn nicht intellektuell beschränkt, denn er sah nicht, dass ödipale Helden keine realisierten Pädophilen sind, sondern sich gerade dadurch von Pädophilen unterscheiden, dass sie weder emotional, noch intellektuell in der Lage sind, ihre sexualisierten Pädoemotionen zu integrieren und zu verstehen. Ihre Feigheit ist also ein Teil ihrer mangelnden psychischen Integration und ihrer Fragmentierung, wohingegen beim bewussten Pädophilen dieser Integrationsprozess eben stattgefunden hat.

Siebtes Kapitel

Die Öffentliche Wunde

Ödipale Helden tragen ihre Wunde mit Vorzug in die Öffentlichkeit, so wie man ein Amulett trägt; dies ist heute vor allem der Fall in den Vereinigten Staaten und ihrer Medienwelt. Narzissmus, da die ganze Nation davon befallen ist, wurde ein Kriterium von 'Klasse.'

Thomas Moore schreibt in seinem Buch *Care of the Soul (1994)*, dass Amerika ein großes Verlangen danach hat, eine Welt von Möglichkeiten und einen moralischen Leuchtturm für die ganze Welt zu repräsentieren.

Weiter schreibt er: 'Es sehnt sich danach, diese narzisstischen Selbstbilder zu erfüllen. Gleichzeitig schmerzt es zu sehen, wie weit das Bild doch von der Realität entfernt ist. Amerikas Narzissmus ist gewaltig. Er wird vor der Welt paradiert. Wenn wir die Nation auf die Couch lägen, würden wir wohl feststellen, dass Narzissmus ihr markantestes Symptom ist. Und doch beinhaltet dieser Narzissmus ein Versprechen, dass dieser wichtige Mythos seinen Weg ins Leben finden kann. Mit anderen Worten, Amerikas Narzissmus ist sein verfeinerter *puer-spirit* authentisch neuer Vision. Der Trick ist es, einen Weg zu finden zu diesen transformativen Wassern, wo harte Selbstbezogenheit sich in liebenden Dialog mit der Welt verwandelt.' (Id., 62)

In gewisser Weise leiden Narzissten nicht nur unter ihrer eigenen emotionalen Ausgehungertheit und ihrem inneren Liebeshunger, sondern sie leiden auch, wichtiger noch, unter der Liebe und den Emotionen, die sie in anderen angreifen, invalidieren und heruntermachen. Dieser furchtbare Reduktionismus bringt Destruktivität hervor, für die sie, je älter sie werden, durch ihren wachsenden Nihilismus und ihre Depressionen bezahlen. Ganz in diesem Sinne bemerkt Moore, 'Narzissmus hat keine Seele. In Narzissmus nehmen wir die Substanz, das Gewicht und die Bedeutung der Seele, und reduzieren sie zu einem Echo unserer eigenen Gedanken. Es gibt keine Seele. Sagen wir. Es ist nur das Gehirn, das elektrische und chemische Veränderungen durchmacht. Oder es ist lediglich Verhalten. Oder nur Gedächtnis und Konditionierung.' (Id., 58–59)

Die Autorinnen der *Mythic Journey (2000)* bemerken: 'Das unglückliche Liebesleben mancher Berühmten spricht für den gewaltigen Liebesdurst, der für sie das ersetzen soll, was sie früh im Leben vermissten—das Gefühl als Selbst real zu sein.' (Id., 130)

In einer Gesellschaft, die lange vergessen hat, was Liebe eigentlich ist, weil sie die Liebe gemordet hat, ist es kein Wunder, dass es eine Mode wurde, Liebe als Konzept anzusehen, und dass hinter diesem Konzept lediglich *Rhetorik* am Werk ist, und dass was Religionen als Liebe ansehen, keine ist.

Viele Männer in unserer sensuell deprivativen postmodernen Neopatriarchie glauben, dass Liebe lediglich ein Konzept ist, ein Wort, eine religiöse Idee, oder eine rosafarbene Geburtstagskarte, weil sie wirklich niemals gespürt haben, was Liebe ist. Als Kinder wurden sie nicht geliebt, nicht gewünscht, weil ihre Eltern ständig mit Geldverdienen beschäftigt waren, und mehr Interesse hatten für Wissenschaft, oder Bankwesen, als für die Kinder, die sie gezeugt hatten. Daraus resultiert ihre riesige narzisstische Verwundung, da sie in ein kaltes liebloses Leben hineinwuchsen und fühlen mussten, dass ihre Eltern ewig in Gedanken waren, wenn sie ihre Wärme brauchten, ihre Küsse und Streicheleinheiten, die Liebe, die man mit dem Körper ausdrückt—und nicht die, die man daherredet in schön klingender Phraseologie.

Viele hatten als Eltern wahrscheinlich diese Monster aus amerikanischer Werbung, die in einer Minute mit falschem Lächeln ganze Salven von Banalitäten heraussprudeln, und die dann auch noch als die Modelleltern der Nation ausgegeben werden. Diese Exemplare sind die Figuren, nach denen sich die Masse gehirnarmer Konsumenten modelliert; und in ihren Hinterköpfen geistert das Berührungstabu, denn sie haben die kulturelle Konfusion voll absorbiert in ihrem Aberglauben, jede Art der Berührung sei 'doch irgendwie sexuell.'

Sie inkarnieren den politisch korrekten amerikanischen Vater, der seine Hände sicher in den Hosentaschen hat! *Noli me tangere!*

Es käme einem Wunder gleich, wenn in einer solchen Kultur eine Familie ausnahmsweise einmal *nicht* gewalttätig wäre, *nicht* schizophren wäre, *nicht* berührungsfeindlich wäre, und wo ein Kind ausnahmsweise wirklich einmal in gesunde und freudvolle Autonomie und Eigenmacht heranwachsen könnte! *Das Kind möchte ich sehen!* Man möge danach suchen, wie die sprichwörtliche Nadel im Heuhaufen.

Denn natürlich ist eine Gesellschaft, die sich aus männlichen und weiblichen ödipalen Helden zusammensetzt, nicht Ihr üblicher Weinkeller.

Es ist ein Irrenhaus.

Achtes Kapitel

Die Ödipale Falle

So, wie es im Narziss-Mythos um Identität geht, so geht es im Ödipus-Drama um *Selbstkenntnis*.

Selbstkenntnis ist ein erster Schritt zur Bildung von Identität. Funktional gesehen ist Identität also die Folge einer Verbindung von äußerer Erfahrung mit innerem Sein. So gesehen ist es kein Wunder, dass im Narziss-Mythos die Mutter dem Kind verbot, in den Spiegel zu schauen. Die abusive Mutter will, dass das Kind sie spiegelt, und nicht umgekehrt, wie es normal wäre, denn sie selbst hat ihren primären Narzissmus nicht überwunden und integriert.

So geht das Kind eben leer aus, denn es ist natürlich so, dass das kleine Kind sich in der Mutter spiegeln möchte, weil dies die Identitätsbildung überhaupt erst in Gang setzt.

Diese Erkenntnis verdanken wir übrigens weniger der Psychoanalyse Sigmund Freuds, als den psychoanalytischen Lehren von Otto Rank, Winnicott und Melanie Klein, später auch Alexander Lowen und Alice Miller.

Darum bringen narzisstische Mütter fast unweigerlich narzisstische Kinder hervor, vor allem, wenn das Kind ein Junge ist.

Mütter wie die von Narziss sind leider heute der kulturelle Standard. Sie haben keine Zeit für ihre Säuglinge, sie sind 'beschäftigt,' sie lassen es an Aufmerksamkeit für das Kind ermangeln.

Die Mutter ist jedoch der Spiegel des kindlichen Ego, und wenn die Mutter wegen ihres eigenen Narzissmus diese Spiegelfunktion nicht ausüben kann, dann wächst das Kind mit einem defizienten Ego heran. Aus alledem nun folgt weiterhin, dass Narzissmus notwendigerweise *generationell* ist. Das Problem ist besonders dann virulent, wenn alleinstehende Mütter einen einzigen Sohn aufziehen, und wenn der Vater des Kindes entweder für immer oder doch für die meiste Zeit durch Abwesenheit glänzt. In dieser Situation, wie ich dies weiter oben schon anmerkte, nimmt die ödipale Fixierung eine besonders problematische Form an.

Wenn der Junge während der ödipalen Phase kein positives männliches Vorbild hat, mit dem er sich identifizieren kann, wird er den Ödipus nicht liquidieren können, das heisst, er wird auf der homosexuellen Entwicklungsstufe stehen bleiben; das Resultat ist, dass seine psychosexuelle Entwicklung hier stagniert, weil sie sich nicht bis in die Genitalität entwickeln kann. Der Junge wird sich also ungesund und neurotisch an seiner Mutter festklammern, was seine emotionale Entwicklung stark beeinträchtigt.

Was das Problem verschlimmert, ist allerdings, dass die Mutter oft in dieser Konstellation keinen neuen Partner sucht und sich ihrerseits an ihrem Sohn festklammert, welcher ihr als 'Trostpflaster' dient. So entsteht eine gegenseitige Dependenz, die dann beide, Mutter und Sohn, in ihrer Entwicklung hindert.

Das Problem ist hier ganz alltäglich so, dass der Junge einfach das Haus nicht oft verlassen möchte, und dass er keine Schritte für eine Partnerwahl unternimmt und als Folge davon eine ziemlich konstante sexuelle Passivität entwickelt, die ihn später fatal daran hindern wird, Anklang beim anderen Geschlecht zu finden.

Eine solche Beziehung, auch wenn die Mutter sich korrekt verhält, ist immer pseudo-inzestuös und hat immer Auswirkungen auf beide, nicht nur den Sohn, sondern auch die Mutter. Denn je mehr sie sich an den Zustand gewöhnt, umso weniger wird sie Schritte unternehmen, einen neuen Partner zu finden; gleichzeitig kommt mehr und mehr Angst bei ihr auf vor dem Alleinsein, denn sie weiss ja, dass der Sohn bald doch 'aus dem Haus' gehen wird, mit einer Partnerin seiner Wahl.

Also wird sie entweder ihrem Sohn diese Ängste mitteilen, oder sie für sich behalten, aber der Sohn wird sie in jedem Falle spüren und seinerseits Angst entwickeln, die sich dann nach und nach unterschwellig in seine sexuellen Gefühle infiltriert. Zu dieser Angst kommen dann natürlich auch Schuldgefühle, denn der Sohn denkt sich natürlich auch, dass er eines Tages doch die Mutter wird verlassen müssen, um selbst eine Familie zu gründen; er denkt mit Schaudern daran, wie die Mutter wohl damit fertig werden wird, und ob sie wohl mit Hysterie, mit Trauer oder gar mit Selbstmord darauf reagieren wird? Aus dieser Ambivalenz heraus entwickelt der Sohn dann so etwas wie einen 'Retterkomplex,' denn er glaubt in den meisten Fällen, dass seine Mutter hilflos und verwundbar ist in dieser Situation, ohne sich im klaren zu sein, dass die Mutter sehr wohl anders handeln könnte.

Wir haben es hier also mit einer Verschränkung von zwei Schicksalen zu tun, welche umso hartnäckiger wird, als die Mutter die Rolle des Opfers geschickt spielt und dem Sohn nach und nach alle vitale Energie entzieht, indem sie ihm wiederholt ihre ganze unglückliche Lebensgeschichte auftischt.

Dies löst beim Sohn eine unbewusste Zurückweisung seiner eigenen Männlichkeit aus, denn die Mutter trug ja 'an alledem keine Schuld.' Es waren ja die bösen Männer, die schlechten Partner, die sie hatte, die alle Schuld trugen—jedenfalls in den Worten der Mutter. Sie kam nämlich schließlich zu der Einstellung, dass 'alle Männer Schweine' sind. Und dazu gehört natürlich auch ihr eigener Sohn, welchem dann jede positive Identifikation mit seiner Männlichkeit buchstäblich zunichte gemacht wurde. Zur Entwicklung von Homosexualität, von Pädophilie oder zur Impotenz ist es dann nur noch ein Schritt!

Junge Männer, die in einer solchen Konstellation aufwachsen sind gefährdet, denn es wird ihnen später schwer fallen, mit der inneren Wut, der Intuition, schäbig betrogen worden zu sein um Jahre seiner Jugend, und den daraus resultierenden Rachegefühlen fertig zu werden, vor allem, wenn solch eine pathologische Mutter-Sohn Kohabitation über Jahre und Jahre ging.

Typischerweise setzt emotionaler Missbrauch keinerlei sexuelle Interaktion zwischen Eltern und Kind voraus. Im Gegenteil wird eine solche Mutter sich davor hüten, ihren Sohn in irgendeiner Weise zu berühren, und es ist gerade dieses *bewusste Nichtberühren*, das im Unterbewusstsein des Sohnes eine Alarmglocke läuten lässt. Warum, fragt sich der Sohn, berührt mich meine Mutter denn niemals, warum nimmt sie mich nicht einmal in den Arm, warum muss ich mein Bad allein nehmen und die Tür abschlie-ßen? Der Sohn stellt die Frage zu Recht, denn die Frage bleibt hier auf dem Tisch. Es ist eine wichtige Frage.

Die meisten Menschen in unserer unsinnigen Kultur haben sich die Frage niemals gestellt. Sie haben sich die Frage niemals gestellt, warum bei emotionalem Miss-brauch Eltern ihre Kinder nicht anrühren. Sie haben das nicht einmal beobachtet, weil es ihnen gleichgültig ist, weil sie solche 'kleine Details' des Lebens einfach über-sehen.

Nur ist es eben kein kleines Detail, sondern ein *gro-ßes* Detail, wenn Eltern ihre Kinder nicht anfassen. Es ist nicht nur ein großes Detail, es ist schlechtweg *perverses Verhalten*, das auf affektiver Konfusion beruht, der Konfu-sion nämlich zwischen Affektivität und Sexualität, wie sie für unsere moderne Gesellschaft so typisch ist!

Gesunder Körperkontakt findet in funktionalen Familien statt, nicht in dysfunktionalen. Es ist etwas, das natürlich ist für Eltern, die selbst eine gute Partnerbeziehung haben. Was bei Kindern inzestuöse Phantasmen hervorruft, ist nicht natürlicher Körperkontakt und Nacktheit mit ihren Eltern, sondern im Gegenteil das Tabu, über natürliche Vorgänge zu reden, und die Prüderie, welche die Folge einer solchen Einstellung ist.

Es ist gerade die Repression möglicher erotischer Eltern-Kind Anziehung zusammen mit einer possessiven Einstellung dem Kinde gegenüber, die den inneren Konflikt beim Kind begründet und die unbewusste inzestuöse Anziehung zum gegengeschlechtlichen Elternteil hervorbringt.

Was Freud hier als typisch und natürlich ansieht während der ödipalen Phase ist reiner Humbug, was wohl aus meinen Erklärungen hier ohne weiteres ersichtlich wird. Eine solche gegenseitige Verschränkung von Eltern und Kind in einem inzestuösen Dreieck ist die Folge von Neurose, von Pathologie, von der perversen Struktur und Organisation der modernen Kleinfamilie.

Pathologische Kodependenz von Eltern und Kindern hat mit sexuellem Inzest sehr wenig zu tun, denn die sexuelle Komponente ist das am wenigsten entscheidende Kriterium. Dies sieht man sehr deutlich in Interviews mit Männern, die wirklich mit ihren Müttern geschlafen haben über Jahre hin, und die also wirkliche Partnerbeziehungen mit ihren Müttern gelebt haben, wie dies in einer Reportage im deutschen Fernsehen einmal präsentiert wurde. Dieses Dutzend von Männern hatten alle später normale Sexualbeziehungen mit Frauen; typischerweise verstanden sich die Freundinnen der Männer dann auch gut mit dem Müttern, ohne jedes Zeichen von Rivalität. Der Inzest war bewusst von Mutter und Sohn begangen worden, ohne Schuldgefühle, aber die Mütter waren durchweg nicht der Typ des 'Mauerblümchens' und hatten ihre Söhne nicht als Kompensation für einen fehlenden Partner, sondern als vollen Partner angesehen.

Das ist der entscheidende Unterschied, nicht die sexuelle Komponente, die regelmässig in unserer ignoranten Gesellschaft überbewertet wird. Der entscheidende Unterschied zwischen diesen Beziehungen und solchen, wo emotionaler Inzest vorliegt, ist der, dass die Mütter nicht possessiv waren und nicht versuchten, ihre Söhne emotional zu manipulieren, oder ihnen die Retterrolle aufzwangen, oder sie davon abhielten, andere sexuelle Beziehungen zu suchen mit gleichaltrigen Mädchen oder anderen Frauen. Mit anderen Worten, sexueller Verkehr ist eine Form von Kommunikation, welche, wenn sie gewaltlos ist, nur positives hervorruft, und dies gilt wahrscheinlich auch, entgegen allen sozialen Mythen, für die Eltern-Kind Beziehung. Emotionale Manipulation jedoch ist weder Kommunikation noch ist sie gewaltlos; es ist eine Form von Zwang: man versucht, die Psyche und die emotionale Integrität einer anderen Person zu verbiegen, um damit einen Vorteil für sich selbst herauszuschlagen —ob man dies nun bewusst oder unbewusst tut.

Possessivität, das zwanghaft obsessive Verhalten, einen Partner oder ein Kind zu besitzen, ist eine Form von Gewalt, ob das nun in unserer verlogenen Kultur so angesehen wird, spielt keine Rolle. Es ist einfach so, und ist darüber hinaus so, dass Sexualität keine Gewalt darstellt, sondern liebevoller Dialog.

Dass dies in der patriarchalischen Kultur seit fünftausend Jahren nicht gesehen wird, und dass man alle Arten von Mythen geschaffen hat, um die Wahrheit zu ersticken, das ist für jeden kritischen und selbstdenkenden Menschen offensichtlich. Wenn narzisstische Mütter ihre Söhne beherrschen wie die sprichwörtliche Walküre ihren zu klein geratenen Mann, dann löst das in der Psyche des Sohns einen inneren Widerspruch aus. Wenn der Junge nämlich nach draußen will, um Freunde oder eine Freundin in sein Leben zu ziehen, so wird die Mutter versuchen, ihn zurückzuhalten, indem sie ihm sagt, er sei noch zu 'jung und unerfahren,' einfach so auf sich selbst gestellt Erfahrungen zu machen, dass damit Gefahren verbunden seien, oder dass perverse Fremde um die Ecke auf ihn lauerten.

Aber wenn es darum geht, die Mutter aufzupäppeln, wenn sie krank ist, wenn sie depressiv ist, oder einen schlechten Tag hatte, dann ist der Junge groß genug, den Gigolo zu spielen, und zu Füßen der Mutter zu liegen, um ihr jeden Wunsch an den Augen abzulesen, oder zum tausendsten Mal die Geschichte der Mutter anzuhören, die von 'schlechten Erfahrungen mit Männern' spricht. Dieser innere Widerspruch bringt bei dem Jungen ganz zwangsläufig eine fast unkontrollierbare Rage hervor, weil er einzusehen beginnt, dass die Mutter ihn manipuliert und Machtspiele mit ihm spielt.

Vom bioenergetischen Standpunkt aus gesehen ist zu sagen, dass die ödipale Fixierung in jeder Hinsicht traumatisch ist für das Kind wegen der emotionalen und sexuellen Deprivation, die sie mit sich bringt, während sie das Verlangen des Kindes nach sexuellen Erfahrungen dabei noch anreizt und verstärkt.

Es ist eine wahre Tortur für ein Kind, und dies hat die französische Psychotherapeutin *Françoise Dolto (1908–1988)* auch implizit zugegeben, indem sie gestand, dass Kinder in den meisten Fällen ihr vor-ödipales Gedächtnis verlieren. Dies deutet namentlich darauf hin, dass, entgegen dem, was man gemeinhin hört, die ödipale Phase absolut nicht 'normal' ist für ein Kind, sondern ein kulturelles Opfer ist, das dem Kind gewaltsam auferlegt wird. Kinder werden damit sprichwörtlich ihren Eltern geopfert.

In ihrem Buch *La Cause des Enfants (1985)* schreibt Françoise Dolto: 'Das Gedächtnis in Erwachsenen löscht alles vor-ödipale Gedächtnis aus. Das ist der Grund, warum in unserer Gesellschaft Menschen so viel Not haben, die kindliche Sexualität zu akzeptieren. In vergangenen Jahrhunderten waren es die Ammen, die davon wussten. Die Eltern jedoch hatten keine Ahnung davon.' (Id., 29–30)

Freud fand heraus, dass Amnäsie, der Gedächtnisverlust, der auf eine traumatische Erfahrung folgt, in den meisten Fällen als Indikator dient, dass tatsächlich Trauma vorlag. Also schloss Freud, dass wenn wir Kindheits-amnäsie feststellen bei einem Erwachsenen, wir den direkten Beweis haben, dass Kindheitstrauma bei der Person ein Faktor war in ihrer Kindheit.

Das ist nach meiner Meinung der Grund für die starke Aggressivität gegenüber dem gleichgeschlechtlichen Elternteil, die Freud bei Kindern während der ödipalen Phase beobachtete. Es ist eine vizerale Reaktion des Biosystems, die die Folge emotionaler, sensueller und sexueller Deprivation ist und ihrerseits ausgelöst wurde durch die Ausschließlichkeit der Eltern-Kind Beziehung im allgemeinen, und des gesellschaftlichen Verbotes von Kindersex, im besonderen.

Kinder brauchen und wollen ein Sexualleben, ähnlich wie Erwachsene, wenn sie auch in aller Regel noch nicht sexuell kompetent sind, aber das tut der psychosexuellen Bedeutung von Kindersexualität für die Bildung eines strukturierten Ego und einer persönlichen Identität keinen Abbruch. Wenn Kinder in unserer Kultur davon abgehalten werden, gesunde erotische Beziehungen mit anderen Kindern zu geniessen, so geraten sie in die ödipale Falle: sie werden gerontophil auf ihre Eltern fest genagelt, und damit sexuell auf Erwachsene geprägt.

Wenn unsere Macher der Sozialpolitik das endlich einmal einsähen, dann begriffen sie, warum es für Pädophile im Westen relativ leicht ist, ein Kind zu finden als Partner, und warum dies in nicht-westlichen Kulturen ganz anders ist. Kinder in westlichen Kulturen sind *responsiv* gegenüber Erwachsenen, die ihnen Liebe zeigen, responsiv in einem erotischen Sinne, während dies bei nicht-westlichen Kindern eher selten vorkommt. Der Sextourismus hat darüber hinweggetäuscht, indem er den Eindruck erweckt, pädophile Beziehungen seien in nicht-westlichen Kulturen Gang und Gäbe. Das ist ein großer Irrtum, denn warum es zu solchen Beziehungen kommt, hat mit den Eltern der Kinder zu tun, und mit der Tatsache, dass sie Geld schlagen wollen aus ihren Kindern und ihnen dies auch recht leicht gelingt. Es mag auch hier und da ohne die Eltern gehen, aber da ist es auch wieder, weil das Kind, Junge oder Mädchen, im Regelfall Geld schlagen will aus der Geschichte, nicht weil er oder sie sich in den Touristen verliebt — obwohl dies durchaus manchmal vorkommen mag.

In westlichen Kulturen, um es zu wiederholen, ist das ganz anders. Da denken die Kinder nicht in erster Linie an Geld, sondern an Liebe, und es ist Liebe, was sie suchen. Und das ganz einfach, weil sie das von ihren Eltern und Erziehern nicht bekommen!

Hätten unsere Politiker das ein einziges Mal verstanden, würden sie begreifen, dass Pädophilie nicht nur einen Grund hat, sondern *mehrere*, und dass der gewichtigste von allen Gründen der ist, dass dem Kind freie Partnerwahl durch eine tyrannische Sexgesetzgebung versagt wird. Hier liegt der Urgrund der Pädophilie und nirgendwo anders. Denn gerontophile Neigungen, die Kinder in der ödipalen Kultur entwickeln, verwandeln sich später in pädophile Neigungen. Das ist logischerweise so, da es sich bei gerontophiler und pädophiler Anziehung um psychische Energien handelt, die zueinander in einem komplementären Verhältnis stehen.

Darum ist die Aggressivität, die Freud beim ödipalen Kind beobachtete, nicht nur gegen den gleichgeschlechtlichen Elternteil gerichtet, sondern gegen *beide Elternteile!* Man muss allerdings sehen, dass die Psyche des Kindes hier eine Barriere vorlegt; in aller Regel wird das Kind diese innere Rage verdrängen, weil es von den Eltern vital abhängig ist. Der kognitive Apparat des Kindes wird also nach einem Vorwand oder einer Rationalisierung suchen, welche ungefähr so herauskommen mag:

'Nun ja, es wird von mir verlangt, meine Eltern zu lieben, und *nur* meine Eltern zu lieben, da die Gesellschaft es mir nicht erlaubt, andere Menschen zu lieben, wie sie es auch anderen Menschen nicht erlaubt, mich zu lieben, wie meine Eltern mich lieben. Die Gesellschaft sagt, dass es gefährlich ist für mich, freie Beziehungen außerhalb meiner Familie zu suchen, denn andere Menschen sind vielleicht darauf aus, mich zu entführen und zu töten, da sie mich nicht in der *reinen* Weise lieben können, wie meine Eltern.'

So ungefähr klingt das System aus Gewalt und Lügen dann aus dem Munde eines Kindes, dessen gesamter kognitiver Apparat durch diesen öffentlichen Betrug am Kinde verbogen und verschlammt wurde; es ist genau mit dieser Art von Schmierargumenten, wie unsere Medien operieren und die monolithisch verblödete Pädophiliedebatte in die Öffentlichkeit tragen. Und wohin das führt ist, weil Kinder in ihrer Verletzbarkeit ihre Wut gegenüber ihren Eltern und der Gesellschaft nicht offen ausdrücken können, dass sie diese Wut gegen sich selbst richten und dadurch entweder narzisstisch, autodestruktiv oder schizophren werden.

Im schlimmsten Fall begehen sie Selbstmord, und hier, hier allein, liegt der Grund für die hohe Selbstmordrate bei Kindern und Jugendlichen in unserer moralverseuchten Mordkultur. Auch wenn Kinder ausnahmsweise stark genug sind, diese Deprivation und den seelischen Schmerz, der daraus folgt, psychisch zu verarbeiten, so werden sie doch lebenslange Schuldgefühle davontragen hinsichtlich erotischer Liebe und Sexualität.

Ich nehme an, dass Freuds Beobachtungen hier insofern korrekt sind, dass, wenn der gleichgeschlechtliche Elternteil zugegen ist, das Kind einen Teil seiner Aggressivität auf ihn oder sie projizieren kann. Aber hier wird der Impuls dann doch unterdrückt werden, da für das Kind ein wirklicher Angriff auf den Vater oder die Mutter solch fatale Folgen haben könnte, dass das Kind in den meisten Fällen den Impuls gewaltsam unterdrückt.

Dies ist eine prekäre Situation für jedes Kind in jeder Art von Familie, und daher glaube ich, dass Freuds Schlussfolgerungen hier ziemlich theoretisch sind. Im wirklichen Leben halten Kinder zu ihren Eltern, gar durch Biegen und Brechen, und sie respektieren ihre Eltern bis zur Selbstverleugnung, mit Ausnahme einer Minderheit von Kindern, die sehr starke Egos und einen ausgeprägt rebellischen Charakter haben.

Ich habe in der Tat beobachtet, dass die Zahl dieser Art von Kindern über die letzten Jahrzehnte angestiegen ist, aber gleichzeitig wurde die allgemeine Lage des Kindes in der Konsumkultur immer härter, bis zu einem Punkt, dass Kinder heute ebenso unter staatlicher Kontrolle und Überwachung stehen, wie dies für Atomwaffen, Botschaften fremder Länder und Geheimagenten der Fall ist.

Dies ist eine potentiale Wurzel für mehr Gewalt in der Familie, denn Kinder in Häuser und Schulen einzusperren, die eigentlich mehr oder weniger Gefängnisse sind, ist nicht, was ein Wohlfahrtsstaat tut, der die Kinder seiner Bürger liebt. Wir sehen hier einer wirklichen sozialen Pathologie ins Gesicht, wenn wir ihr überhaupt ins Gesicht sehen können, wenn wir sie überhaupt wahr haben wollen!

Ich habe über die letzten zwei Jahrzehnte beobachten müssen, dass die meisten Menschen in unserer Kultur ganz einfach *blind* sind diesen Dingen gegenüber, entweder, weil sie denken, das gehe nur Psychologen etwas an, oder weil sie wohl hinter die Kulisse schauen, aber entsetzt sind, was wohl die Folgen wären, wenn sie ihr Kind nicht politisch korrekt, sondern in Wahrheit und Autonomie erziehen würden? Hier ist ersichtlich, wie dysfunktional unsere Demokratien heute sind!

Die kulturelle Sichtverengung, unter der Freud litt, ist notorisch und ich brauche keine Seiten zu schreiben, um das darzustellen; es wurde in allen Freud-Biographien und rezenter psychoanalytischer Literatur groß und breit dargestellt. Es war dies auch der unterschwellige Grund, warum es zum Streit kam zwischen Freud und Reich, Freud und Jung, Freud und Adler, Freud und Klein, Freud und Rank, und Freud und Fromm.

Diese Auseinandersetzungen waren natürlich vordergründig persönlicher Art, oder fachlicher Art, und es ist bezeichnend, dass keine dieser ursprünglich enthusiastischen Freundschaften gerettet werden konnte. Dies zeugt nicht nur für Freuds autoritäre Art, sondern auch für was ich die 'kulturelle Frage' nennen möchte. Die Auseinandersetzung zwischen Freud und Reich war besonders bedeutungsvoll und signalhaft, denn Reich brachte Freud dazu, Farbe zu bekennen, und seine kulturelle Brille abzunehmen. Als Reich sich für Kindersexualität offen einsetzte, schrie Freud ihn an, die Kultur gehe vor! Freud wies Reichs Engagement für die freie Sexualität von Kindern und Jugendlichen scharf zurück, obwohl er selbst es doch gewesen war, der als erster in der westlichen Kulturgeschichte die Sexualität des Kindes offen als Tatsache bekannt hatte! Freud räsonierte Reich gegenüber, dass es Aufgabe des psychiatrischen Berufs lediglich sei, Menschen, die unter den Pathologien der westlichen Kultur litten zu heilen, nicht aber sozialpolitisch tätig zu werden, um die Kultur zu ändern! Freud glaubte, dass ein solches Engagement von der wohlwissenden Warte der freien Berufe die Gesellschaft ins Chaos werfen würde.

Das ödipale Drama, wie ich die emotionale, taktile, sensuelle und sexuelle Deprivation des modernen Konsumkindes umschreibe, ist wahrhaft ein ödipales Trauma!

Es bringt in der Psyche und im Energiesystem des Kindes Verbiegungen hervor, welche Pathologien erzeugen, die sich dadurch auszeichnen, dass sexuelle Lust nicht mehr rein empfunden wird, sondern mit aggressiver Rage, Angst und Wut besetzt ist, welches später im Leben vieler Menschen, vor allem vieler Männer, zu psychopathologischem Sexualverhalten führen kann, und oft tatsächlich auch führt.

Typisch für diese Deviationen ist, dass der Mann nicht mehr zum Orgasmus kommen kann, ohne dass er den Partner in irgendeiner Weise demütigt, schlägt oder ihn vergewaltigt, oder aber passiv masochistisch solche Demütigung oder Gewalt erfahren muss, um zum Höhepunkt zu gelangen.

Dies wird allgemein als sadomasochistische Fixierung bezeichnet, ist aber viel mehr verbreitet in unserer Gesellschaft, als man glaubt. Es ist lange in der forensischen Psychiatrie bekannt, dass sexuelle Gewaltakte gegenüber Kindern, oder auch nur die Fantasien solcher Akte, in einem ungelösten Ödipuskomplex ihre Ursache haben. Allerdings ist die Betrachtungsweise der Psychiatrie, wie ich es hier im vorgehenden ausführte, nicht komplex genug, um das Problem wirklich begreifbar zu machen.

Darum konnte die Psychiatrie logischerweise auch bis heute den Betroffenen keine Lösungen für das Problem anbieten, während ich solche Lösungen wohl in meiner dreissigjährigen Forschung über Gewalt gegen Kinder gefunden habe. Der betroffene Mann wird viel größere Kontrolle über sein Problem mit Sadismus bekommen, wenn er damit beginnt, sein Verhalten zu verstehen, anstatt es moralisch zu verurteilen, und wenn er langsam und permissiv auch die emotionale Konfusion, die unterschwellig seinem Verhalten zugrunde liegt, zu begreifen sucht. Und er wird dann den grundlegenden Unterschied zwischen einem wahren Helden und einem ödipalen Helden erkennen.

Der wahre Held wird sein Verlangen nämlich, so problematisch es auch ist, erst einmal bejahen und zulassen, auch wenn es ein sehr virulentes und schwer zu kontrollierendes Verlangen ist, auch wenn es ein Verlangen ist, das, wenn es ausagiert wird, einem Kind wirklich Leid und Schaden zufügen könnte.

Das bedeutet nicht, dass er es ausagiert, sondern dass er es in seinem Inneren erst einmal als existentiell anerkennt. Es ist nämlich paradoxerweise genau diese *Anerkennung* des Verlangens, die graduell dahin führt, dass man es sublimieren kann, das heisst, nur in Fantasien und Träumen, oder in der Kunst auslebt, nicht aber in der äusseren Realität!

Um es zu wiederholen, diese Problematik besteht nicht mit dem sexuellen Verlangen selbst, sondern mit den *negativen Emotionen,* die sich durch erlittenes Leid in der Kindheit nach und nach mit diesem Verlangen verknüpft haben.

Neuntes Kapitel

Forensische Erwägungen

Wenn pädophiles Verlangen zärtlich und affektiv-emphatisch ist, wird der Mann zusammen mit dem Kind in aller Regel einen Weg finden, sexuelle Erfüllung zu leben, ohne das Wohlbefinden des Kindes zu beeinträchtigen. Es ist nur im erschwerenden Fall von sexuellem Sadismus, dass der Mann unter einem Verlangen leidet, das so explosiv ist, dass es nur dann befriedigt werden kann, wenn das Kind geschlagen wird, und wenn es Zeichen von Schmerz zeigt.

Wir haben es hier einfach mit zwei verschiedenen Ätiologien zu tun, die man nicht einfach in Bausch und Bogen als 'Pädophilie' abhandeln kann, wie dies heute fast überall simplistisch getan wird. Es ist offensichtlich, dass die Erfahrung für das Kind im letzteren Falle keine sehr positive und willkommene ist, und dass sie Trauma hervorrufen kann, während viele Untersuchungen gezeigt haben, dass wenn die sexuelle Erfahrung zärtlich und respektvoll war, und also keine Gewalt im Spiel war, die meisten Kinder nicht mit Trauma auf eine solche Erfahrung reagieren, auch wenn es für sie die erste sexuelle Erfahrung im Leben war.

Das Problem, unter welchem die meisten ödipalen Helden leiden, ist sexueller Sadismus, als Folge nämlich ihrer reprimierten Rage, wenn sie in ihrer Kindheit immer und immer wieder Autonomie bilden wollten, und ihre narzisstischen Mütter es ihnen unmöglich machten durch Manipulation, Verbote, und Demütigungen.

Obwohl unsere Gesellschaft über die letzten Jahrzehnte eine ziemlich tolerante Haltung eingenommen hat, was sogenannte SM anbetrifft, also einverständliche sadomasochistische Sexualbeziehungen unter Erwachsenen, so ist diese Form der Sexualität natürlich problematisch, wenn der passive Partner ein Kind ist. Ein solches Kind ist dann natürlich der sadistischen Dynamik des erwachsenen Partners voll ausgesetzt und ob ein Kind oder ein Jugendlicher damit um gehen kann, bleibt fraglich.

Der sadistisch-pädophile Erwachsene mag dazu neigen, eine solche Beziehung ethisch damit zu rechtfertigen, dass das Kind 'schließlich auch eine Tracht Prügel vom Vater einstecken kann,' ohne gleich den Verstand zu verlieren, aber es ist offensichtlich, dass alle solche Vergleiche hinken.

Gewalt ist nun einmal Gewalt und eine 'Tracht Prügel' ist deswegen nicht sozial zulässiger oder 'besser,' weil sie vom Vater verabreicht wird, als die gleiche Tracht Prügel, die vom pädophilen Sadisten einem Kind sozusagen als 'Vorspiel' verabreicht wird. Obwohl dies sicher zynisch

und fast frivol klingt, so haben Gerichte und Strafverfol-
gungsbehörden doch über die Jahre hin mit einer Reihe
solcher Fälle zu tun gehabt, wo der Angeklagte eine solche Verteidigung ganz im Ernst und ohne beabsichtigten
Zynismus zu Akten gab.

Das kann eigentlich auch nicht verwundern, und man
sollte sich darüber weniger moralisch entrüsten, denn
Tatsache ist, dass die meisten Staaten noch weit davon
weg sind, die Körperstrafe zu verbieten und sozial, im
gesamten Erziehungsgefüge, als inadäquates und uner-
wünschtes Erziehungsmittel öffentlich zu brandmarken.
Und solange dies nicht geschieht, kann man eigentlich
einem solchen Argument nur insofern widersprechen,
dass Sexualität mit Kindern ohnehin nach dem Gesetz
strafbar ist.

Was auch immer man über solche Fälle denken mag,
die uns allen aus den Abendzeitungen bekannt sind, so
ist doch offensichtlich, dass unsere Gesellschaft mehr
Verantwortung an den Tag legen muss, um zukünftige
soziale und gesetzliche Richtlinien auszuarbeiten, die
Gewalt gegen Kinder effektiv verhindern. Die Situation
unter der gegenwärtigen Gesetzeslage ist alles andere
als zufriedenstellend, denn sie ist univektorial nur darauf
aus, Strafen für Sexualdelikte und Eintragungen im Straf-
register ständig zu erhöhen und zu verlängern, ohne dass
sich dabei sozialpolitisch das Geringste ändert. Unsere
Kinder sind sicher nicht sicher!

Ich würde dafür plädieren, in erster Linie einmal das
Phänomen des ödipalen Helden psychiatrisch und foren-

sisch wirklich zu erfassen, und zu studieren, denn das wurde bisher nicht getan. Ich bin hier wirklich ein Pionier und meine Forschungen verdienen es, weiter verfolgt zu werden. Die Situation des ödipalen Helden muss erst einmal kognitiv erfasst werden, und basierend auf diese Analyse müssen Methoden ausgearbeitet werden, die solchen Männern helfen, ihren Komplex zu überwinden und ihre virulenten und sexualisierten Pädoemotionen zu integrieren.

Das geht nur dann, wenn man den Männern therapeutisch hilft, Eigenliebe und Selbstrespekt zu bilden, wenn man ihnen dabei hilft, ihren phallischen Komplex zu überwinden und sich zu akzeptieren wie sie sind. Dies bedeutet, dass die Therapie darauf hin arbeiten muss, den Männern zu zeigen, dass sie liebenswert sind, ebenso liebenswert wie jeder andere Mann, ob sie nun 'Sexualtäter' sind oder nicht.

Diese Schablonen, diese Etiketten, die wir auf Menschen kleben, weil sie dies oder das taten, richten mehr Schaden an als alles andere. Meiner Ansicht nach liegt hier der Grund, warum die Rückfallquote bei Sexualstraftätern tatsächlich so hoch ist. Ein Mann ist kein anderer, nur weil er einmal oder gar mehrmals sexuell ausagiert hat in einer Weise, die unsere Gesellschaft abscheulich findet. Mag man es persönlich wie auch immer beurteilen, aber die Tat ist nicht der Täter. Die Handlung ist nicht der Handler.

Wenn jemand vergewaltigt hat, so ist er kein Vergewaltiger. Wenn jemand gemordet hat, so ist er kein Mörder. Er ist immer noch dieselbe Person, und als Person ist sie ganz einfach Mensch. Unser Vokabular hier, das kriminologische Vokabular, ist selbst gewalttätig, und daher muss es geändert werden, denn es steht der Rehabilitation vieler Menschen, die mit dem Gesetz in Konflikt gerieten, im Wege.

Wenn ich eine Therapie ausarbeite, und darüber habe ich seit zwanzig Jahren wirklich viel nachgedacht, und es auch mit anderen Juristen und Wissenschaftlern diskutiert, so würde ich Elemente in die Therapie einbauen, die es der Person erlauben, ihr doch meist rudimentäres Gefühlsleben zu entwickeln. Das bedeutet im einzelnen, den Berührungssinn zu schärfen, die Gefühle wieder zu *fühlen (sic!)*, wenn wir geküsst oder umarmt werden, als auch was wir fühlen, wenn wir uns selbst im Spiegel sehen und unser Selbstbild kommentieren. Auch würde ich die Person zur Eigenmacht hinführen, um Gefühle von Akzeptanz, Selbstliebe, und gesundem Stolz zu entwickeln.

Ein weiteres wichtiges Element in einer solchen Therapie wäre, den muskulären und charakterologischen Panzer aufzulösen, und dies dadurch, den Patienten in seinem Fantasieleben langsam zu einer Idee von Promiskuität hinzuführen, die ihn graduell hinausführt über die Fixierung auf eine einzige Gruppe von Menschen, sondern als eine Art von imaginativer Reise in andere erotische Erfahrungsbereiche, die für ihn potentiell von Interesse sein könnten. Dazu gehört idealerweise die Möglichkeit, die Person wirklich sexuell tätig werden zu lassen mit einer Vielzahl von Personen, wobei gegenseitige Wahl hier natürlich vorausgesetzt sein müsste.

Auf der anderen Seite hat die totale sexuelle Deprivation, wie sie heute Bestandteil des Strafvollzuges überall in der Welt ist, natürlich genau den gegenteiligen Effekt.

Wenn ich mir vorstelle, eine solche Therapie für Sexualtäter im Bereich des Strafvollzuges anzubieten, so wird das wahrscheinlich auf eine ganze Reihe von Problemen stoßen, und dennoch bin ich überzeugt, dass dies der richtige Weg ist. Die Probleme müssen eben gelöst werden, damit diese Art der Therapie ermöglicht wird, denn sie ist unumgänglich, wenn man die Rückfallquote bei Sexualtätern substantiell verringern will, und andererseits den Betroffenen wirklich helfen will, ein erfülltes Liebesleben zu führen.

Grundvoraussetzung für eine solche Therapie ist natürlich, dass sie als Option angeboten wird, ohne jeden Zwang, obwohl eine beachtliche Strafminderung, wie dies in den Vereinigten Staaten, Schweden, Dänemark und anderen Ländern manchmal offeriert wird, schon damit verbunden sein könnte. Eine solche Strafminderung ist ethisch gerechtfertigt und ich teile insofern die Bedenken linksradikaler Fraktionen nicht, denn es ist nicht von vornherein als 'Unterwerfung unter das System' zu werden, wenn ein Häftling einer Therapie zusagt, sondern zunächst einmal ein Ausdruck seiner freien Wahl.

In einem solchen Fall muss es positiv angerechnet werden, dass die Person einsieht, dass sie sozial unerwünscht gehandelt hat, wenn auch vielleicht im Einklang mit ihren eigenen Moralvorstellungen, und wenn sie erkennt, dass ihr Handeln gewisse determinierende Faktoren in sich birgt, die man ohne therapeutische Hilfe nur in Ausnahmefällen selbst ausarbeiten und integrieren kann.

Andere Länder mögen andere Vorstellungen hegen in dieser Hinsicht. Manche lehnen Therapie grundsätzlich ab, weil sie noch stets auf dem Paradigma 'totaler Vergeltung' beharren, das ursprünglich, im Altertum und im Mittelalter, das herrschende war. Wieder andere würden einen Häftling selbst für eine Therapie zahlen lassen, was natürlich für viele mangels Einkünften illusorisch wäre. Andere Länder wiederum bieten Therapie an, aber ohne jede Chance auf Strafminderung.

Es gibt natürlich in Gefängnissen solche, die alles tun, um 'den Bunker in die Luft zu jagen,' und diese Querulanten sind oft erstaunlich erfolgreich, obwohl sie lediglich eine Minderheit von ödipalen Helden darstellen, während die Mehrheit sich mehr oder weniger korrekt und respektvoll verhält—was auch immer sie angerichtet haben.

Daher ist es eigentlich so, dass diese querulante Minderheit von Scheinhelden die ganze Suppe verdirbt, auf der einen Seite, aber auch auf der anderen, den ganzen Laden wirft, in dem Sinne nämlich, dass die Verschärfungen im Strafvollzug, die wir über die letzten zwanzig Jahre beobachten konnten, vielfach auf die Revolten und die gewalttätigen Übergriffe solcher Gefangener zurückgingen, obwohl sie nur eine verschwindend geringe Minderheit ausmachen.

Das ist eben die Tragik des ödipalen Heldentums! Wenig ist erforderlich, damit sie Erfolg haben, denn sie sind, trotz ihrer ungemeinen Perversität, ganz ungemein erfolgreich in unserer Gesellschaft!

Erfahrung zeigt, dass diese Gruppe von Gefangenen zu den Bankräubern und Gewaltverbrechern zählen und dass so gut wie keine Sexualstraftäter unter ihnen sind. Auch solchermassen gewalttätige Männer, die beispielsweise Kinder, alte Frauen oder Polizisten kaltblütig ermordet haben, oder die Terroristen sind, gehören sicherlich nicht dazu. Es sind ausschließlich kleine Diebe und Räuber, die diese Vigilante-Gruppen in Gefängnissen ausmachen, und die für all die Unruhe sorgen, und bisweilen ganze Institutionen in Brand setzen und Wärter umbringen.

Meine Forschung hat mir klar gezeigt, dass man mit Gewalt und Zwang absolut nichts erreicht im Strafvollzug, und noch weniger bei Sexualstraftätern, denn sie gehören sicherlich nicht zu den Gewaltverbrechern in dem Sinne, dass sie im täglichen Leben gewalttätig sind, wie es die kleinkriminellen Vigilante-Gruppen sind.

Bei Sexualtätern hilft nur eines, Toleranz und wieder Toleranz; es zahlt sich aus, ehrliche und unerschrockene Professionelle in den Strafvollzug einzubringen, die Therapien und kreative Aktivitäten anbieten oder Yoga und Meditation, und die im ganzen gesehen möglichst frei sind von Gut-und-Böse Urteilen, denn das ist es, was wirklich beiträgt zur Rehabilitierung von Straftätern.

Das bedeutet auch, dass alle am Strafvollzug Beteiligten genügend psychologisches Training erhalten müssen, um einzusehen, dass jede Art von Persönlichkeitswachstum nur in kleinen Schritten kommt, und dass dies generell so ist, nicht nur bei solchen, die mit dem Gesetz in Konflikt geraten sind. Toleranz heisst Geduld zu haben und Geduld zu lehren!

Wenn der Charakterpanzer des ödipalen Helden sich aufzulösen beginnt, fällt das ganze riesige heroisch-pompöse Glaubenssystem des ödipalen Helden langsam aber sicher in sich zusammen wie ein Kartenhaus. Das Resultat ist, dass der Geist bereichert werden wird und der Körper graduell entsorgt wird von all dem überflüssigen Protein, Fett und hypertrophiertem Muskelgewebe, und der Mann wird abmagern als Folge inverser Proportionalität. Das bedeutet im einzelnen, dass die typischen Verhaltensmuster, wie obsessives Body-Building, Übergewicht, Alkoholismus oder Kettenrauchen sich graduell von selbst auflösen.

Auf der anderen Seite gehöre ich nicht zu denen, die glauben, dass die Behandlung von Symptomen wirkliche Heilung bringt, denn ich bin nicht der Meinung, dass solche schnellen Lösungen andauernden Erfolg bringen. Nur ein holistischer Ansatz kann das tun, ein Ansatz, der von innen nach aussen prozediert.

Denn eines ist klar, Sadismus ist nicht einfach zu heilen, und in der herrschenden forensischen Psychiatrie, um es zu wiederholen, werden bis heute sadistische Kindermörder als unheilbar erklärt!

ZEHNTES KAPITEL

ORESTSAGE UND KINDOPFER

Die Legende von Orest und der Verwünschung der Atriden ist einer der wichtigsten Mythen der griechischen Antike. An seinem Ursprung steht der Kampf zwischen dem Vaterprinzip und dem Mutterprinzip. Wir haben es hier also mit einer Art von Schlüsselmythos zu tun, der uns die Lösung zum Rätsel der Sphinx geben mag, welches am Ursprung der ödipalen Verstrickung stand.

Die ödipale Kultur ist denn auch, wie bereits angedeutet, keine rein patriarchalische Kultur, sondern eine eigenartige Mischkultur aus patriarchalischen und matriarchalischen Elementen, die irgendwie nicht zusammen zu passen scheinen. Und es ist vielleicht gerade das Spannungsverhältnis zwischen diesen heterogenen Elementen, das die Explosivität und hohe strukturelle Gewalt dieser Kultur zur Folge hat.

Die Orestsage macht deutlich, wie destruktiv Moral letztlich ist, und sie stand vielleicht am Scheideweg einer zivilisierten Menschheit, die sich *von gesunder Unmoral zu ungesunder Moral* hin entwickelte, und damit ihren letzten wahren Bezug zur Natur verlor.

Der Fluch auf dem Schicksal der Atriden begann mit einem Verbrechen des Königs Tantalus von Lydien, der so hochmütig wurde, dass er über die Götter sich zu mokieren das Recht zu haben glaubte: er schnitt seinen kleinen Sohn in Stücke und bot ihn den Göttern bei einem Festmahl zu Ehren der Unsterblichen als Speise an, um ihre Weisheit zu prüfen! Für diesen barbarischen Akt und die begangene Beleidigung der Götter verdammten letztere Tantalus und seine Abkunft. So erscheint am Anfang des traurigen Loses der Atriden ein falscher Gebrauch des Verstandes, des zweischneidigen Schwertes, das den Menschen einerseits über das Tier hinaushebt, zum anderen aber zu einer wahrhaft perversen Destruktivität befähigt.

Orest, der junge Prinz von Argos, ist durch die Qual der Wahl mit der Verwünschung seiner Familie konfrontiert. Orest war der Sohn von Agamemnon und der Königin Klytämnestra von Argos. Der Fluch kam von väterlicher Seite, vom Großvater Agamemnons. Als der trojanische Krieg ausbrach, schickte Agamemnon seine Flotte aus, um mit den anderen griechischen Fürsten zusammen Troja auf dem Seewege anzugreifen.

Durch seine Großsprecherei erregte Agamemnon den Zorn der Göttin Hekate (Artemis) und diese schickte einen schrecklichen Sturm, der die Schiffe im Hafen einklemmte. Das Orakel informierte Agamemnon, dass er

Buße tun und seine eigene Tochter, Iphigenie, auf dem Altar der Göttin in Aulis opfern müsse, da er sonst auf den Ruhm, Troja zu besiegen, zu verzichten habe. Für ihn war sein Ansehen als Krieger wichtiger als sein Kind, das für ihn 'nur ein Mädchen' war; ausserdem hatte er noch die kleine Elektra; so täuschte er seine Gattin Klytämnestra, indem er ihr ankündigte, dass Iphigenie sich in Aulis verheiraten wolle. Man schickte das Mädchen zum Lager Agamemnons, wo sie ermordet wurde.

Als Klytämnestra die Wahrheit erfuhr, war Agamemnon schon auf See Richtung Troja. Die griechischen Truppen siegten über Troja und Agamemnon kehrte als Held in die Heimat zurück.

Während seiner Abwesenheit aber hatte Klytämnestra Mittel und Wege erdacht, den Mord an ihrer Tochter zu rächen. Mit ihrem Geliebten Egistus heckte sie ein Komplott zur Ermordung des Königs aus. Als Agamemnon im Palast erschien, empfing ihn Klytämnestra mit Pomp und ließ ihn ein Bad nehmen. Dort tötete sie ihn zusammen mit Egistus und sie zerteilten ihn in Stücke. Um lästige Zeugen auszuschließen, hatte Klytämnestra Vorsorge getroffen, ihren Sohn Orest nach Phozien zu schicken, um ihm jede Kenntnis des Verbrechens unmöglich zu machen.

Aber der Gott Apollo erschien Orest und offenbarte ihm seine heilige Pflicht, den schmachvollen Tod seines Erzeugers zu rächen. Orest war entsetzt und widersprach zunächst vehement, denn dies hätte bedeutet, dass er seine eigene Mutter ermorden müsse. Apollo drohte dem Zögernden mit Wahnsinn und den schlimmsten Strafen. Schließlich akzeptierte der junge Prinz das Ultimatum und gab sich in die Hände des Gottes.

Wenn auch das patriarchalische Prinzip den Mord an der Mutter rechtfertigte, so würde ein solcher Akt doch die Verfolgung durch die Furien bis zu Wahnsinn oder Tod nach sich ziehen. Denn für diese schrecklichen Rachegöttinnen war der Muttermord das schlimmste Verbrechen, das ein Mensch auf Erden begehen konnte. Angesichts dieser in jeder Hinsicht unvorteilhaften Wahl begab sich Orest verzweifelt auf die heimliche Reise nach Argos. Als er in der Stadt ankam, wurde er zunächst durch seinen Hund erkannt, dann durch seine Schwester Elektra, die ihrerseits ein Mittel suchte, den Mord an ihrem Vater zu rächen. Sie vereinigten ihre Ziele und ermordeten Egistus, dann Klytämnestra. Apollo war also zufriedengestellt, aber die Furien stürzten sich sofort wütend auf Orest, der halb verrückt wurde und in ganz Griechenland herumirrte.

Erschöpft und verzweifelt suchte er Zuflucht im Sanktuarium der Athena, die Mitleid mit ihm hatte: der junge Mann, der keines Moralverbrechens schuldig war, war Opfer von destruktiven und sich widerstreitenden Kräften geworden. Athena setzte eine Jury von zwölf Personen zusammen, um über diesen ungewöhnlichen Fall zu richten. Bei der Abstimmung entschieden sechs für Apollo und das Vaterprinzip, die sechs anderen für das Mutterprinzip. Athena musste den Ausschlag geben, der die Waage zugunsten des Orest neigen ließ. Die Göttin beruhigte die Furien, indem sie ihnen und ihren Anbetern ihre eigenen Tempel zur Verfügung stellte, und Orest wurde von dem alten Fluch der Atriden befreit. Dieser Mythos findet metaphorisch als archetypischer Bewegungsablauf auf Sittenprozesse Anwendung, wenn es um eine gesellschaftlich nicht akzeptierte und als verbrecherisch qualifizierte Liebeswahl geht. Denn hier redet die Gesellschaft hinein durch ihre Moralvorstellungen, die, je nachdem, ob man dem matriarchalischen oder dem patriarchalischen Prinzip anhängt, sehr unterschiedlich sind und sich widersprechen.

Die Sage findet auch archetypische Anwendung auf den Fall eines Kindopfers im metaphorischen Sinne. Es ist nämlich einfach nicht wahr, wenn gesagt wird, in unserer sogenannten zivilisierten Kultur gäbe es keine Kindopfer mehr. Es mag sie nicht mehr geben in einem wörtlichen Sinne, wohl aber stets in metaphorischem Sinne. Ein Kind wird oft den beruflichen Ambition seiner Eltern geopfert, dadurch, dass sie keine Zeit für es haben und es praktisch von der Amme erzogen wird; oder einem Kind wird seine Berufswahl verboten. Oder seine Sexualität. Oder seine künstlerische Begabung. Oder all dies zusammen. Oder es muss ein vollkommen logisches und gehorsames Kind werden und seine Emotionen und träumerhafte Natur verleugnen. Oder es muss gar so verständig sein, dass es seinen Eltern Eltern ist.

Viele Kinder durften und dürfen alles sein, nur eines nicht: *Kind*. Bei den Griechen oder bei den Mayas hat man Kinder wirklich abgeschlachtet. Bei uns tut man es auf feinere Art. Was eigentlich nur besagt, dass die Griechen und die Mayas ehrlicher waren, als wir, und weniger heuchlerisch. Bei uns hat man daher auch Sündenböcke in Form von sogenannten Pädophilen nötig, auf die man all das projizieren kann, was man als gute und moralische Gesellschaft unter den Teppich kehren möchte.

Denn es nicht ein sprachlicher Zufall, dass man sagt, das Kind sei Opfer in einer sexuellen Beziehung mit einem Erwachsenen. Dieser Begriff passt hier genau, und gibt Auskunft über die Art der Projektion, um die es hier geht: die Gruppe der Pädophilen dient als Sündenbock genau mit dem Ziel, zu okkultieren, dass das Kind in unserer angeblich so kinderfreundlichen Kultur nichts anders ist als das: *Opfer*.

Doch sehen wir uns die Orestsage einmal ganz ohne kulturelle Brille an. Was passiert da eigentlich wirklich? Da werden eine Reihe von abscheulichen Morden begangen, und noch dazu an Mitgliedern der eigenen Familie oder Ehepartnern, und all das im Namen irgendwelcher Götter, irgendwelcher Mythen oder Kräfte, Geister oder Energien, die Menschen zu diesen Akten trieben.

Wie würden wir so etwas heute nennen? Ohne Zweifel, *Paranoia*. Wir haben es hier mit einer Reihe von Verrückten zu tun, denn auch nur halbwegs naturverbundene Menschen tun solche Dinge einfach nicht. Und das ist so, und nicht anders, und darüber kann man nicht diskutieren. Und das fing erst an so zu sein, als der Mensch die Moral erfunden hatte und glaubte, Götter und Dämonen schaffen zu müssen, die ihm sagen, was er alles *nicht* tun sollte. Nur Verrückte dekretieren Dinge, nicht tun zu wollen, die man natürlicherweise ohnehin nicht tut! Nur Menschen, die von der Natur eben so weit entfernt sind, dass sie die Selbstregulierung durch ihre eigene innere Natur beharrlich und dauerhaft blockiert haben, können auf solche Gleise gelangen.

Wilhelm Reich und zwischenzeitlich auch neuere Forscher und Heiler haben gezeigt, dass Mordimpulse immer und ohne Ausnahme Sekundärimpulse sind, die durch die Repression und Perversion natürlicher Impulse zustande kommen. Und daher, weil Moral eben solche Sekundärimpulse systematisch im Menschen heranzüchtet, ist die ödipale Kultur eine Mordkultur, wie ich dies in anderen Schriften näher ausgeführt habe, und sie hat Perversionen regelrecht gezüchtet, und braucht sich daher heute nicht über sogenannte 'Perverse' aufzuregen, denn diese sind das absolut reguläre und adäquate Resultat kultureller Dressur.

Meine Definition von Perversion ist im Einklang mit bioenergetischen Erkenntnissen, sowohl denen, die Wilhelm Reich experimentell und therapeutisch affirmierte, als auch denen, die grundlegend sind für neuere Therapien wie Rolfing oder Alexander Technik, und die bereits vor langer Zeit Bestandteil waren der traditionellen Hochkulturen der Menschheit.

ELFTES KAPITEL

AUSWEGE AUS DER MORDKULTUR

In diesem Essay geht es weniger um Analyse, als letztlich um konkrete Vorschläge, wie wir individuell und kollektiv den Ausweg aus der Mordkultur finden können. Dies ist auch methodologisch von Bedeutung, denn Analyse ist bekanntlich nur der erste Schritt von zweien, welche sind: *Analyse* und *Synthese*. Synthese und Analyse sind Gegenpole. Sie sind gleichermaßen involviert bei der Wahrheitsfindung. Aber wenn es bei der Analyse bleibt und die Synthese gewissermaßen unter den Tisch fällt, haben wir es mit einer Form von Kernspaltung zu tun.

Diese Art von intellektueller Kernspaltung führt zu Abstraktionen, die sehr schön klingen, und auch einigermaßen gegenständlich erscheinen, die aber in der gelebten Realität eigentlich nicht, oder nicht in der vermuteten Reinheit anzutreffen sind. Das gilt gleichermaßen für die gerade Linie, die nirgends in der Natur zu finden ist, wie für gewisse Denkschablonen, die abstrahierend-analytisches Denken geschaffen haben.

Solche Denkschablonen können wir auch als *Kategorien* bezeichnen, als fest umrissene Begriffsräume. Und ein Denken, das ausschließlich von solchen Kategorien bestimmt ist, müssen wir logischerweise als kategorisches Denken definieren. Nach der Analyse, wenn wir alles haarfein zerlegt und zerspalten haben, müssen wir gleichsam wieder aufräumen, wieder Weitblick erlangen, und das Puzzle wieder zusammenfügen…

Nach der Psychoanalyse kam daher logischerweise die *Psychosynthese*. Obwohl die meisten Leute, wenn überhaupt, nur von ersterer etwas mitbekommen haben. Aber wir leben nun einmal im Zeitalter der Theorien, was übrigens auch Vorteile hat. Vor allem den, dass frühere Orthodoxien langsam aufgeweicht werden und verschwinden. Denn das Zulassen verschiedener Theorien über bestimmte Themen oder Lebensfragen führt zu einem mehr oder weniger pluralistischen Weltbild—also einem einigermaßen toleranten. Es geht mir hier denn auch darum, neue Paradigmen aufzuzeigen, die uns kollektiv und individuell aus der ödipalen Falle führen können, wenn wir bereit sind, unser Glaubenssystem entsprechend umzumodeln, oder gar, wenn dies auch nur für außergewöhnliche Menschen möglich ist, ganz abzulegen.

Dies ist letzten Endes eine Problematik für den Weltfrieden. Es ist die Frage, wie sich Schutzdenken auf unser Bewusstsein auswirkt, ob es bewusstseinserweiternd oder eher bewusstseinsverengend operiert? Ich kam zu dem Ergebnis, dass Schutzdenken eine bewusstseinsverengende und klaustrophobische Wirkung hat. Es zeigt sich namentlich an der aktuellen Kinderschutzdebatte in den Vereinigten Staaten darüber hinaus, dass dieses Denken Blickverengungen hervorbringt, die zu Gruppenhysterie und Fundamentalismus führen, und, schlimmer, zu einem Zurückschrauben von konstitutionell gesicherten Freiheiten und Menschenrechten.

Ich argumentiere im einzelnen, dass es keinen Weltfrieden geben wird, wenn der Kinderschutz-Faschismus und alle Verfolgungen, Verhaftungen und Folterungen von Liebhabern, die Kinder aus welchem Grund auch immer als Partner wählen, nicht ein deziertes Ende haben und eine massive Strafrechtsreform durchgeführt wird, die Jahrhunderten von Hexenverfolgungen, die heute unter anderem Namen weitergeführt werden, ein Ende setzt.

Ich habe mit meinen Forschungen über dieses brisante Thema im Jahre 1985 während meiner Studien im internationalen Recht in den Vereinigten Staaten begonnen und habe mehrere Fachstudien darüber in englischer Sprache geschrieben. Es mag ungewöhnlich klingen, dass ein internationaler Anwalt sich mit Strafrecht befasst; ich merke daher autobiografisch hier an, dass ich vor meinen Doktoratstudien im Europarecht und Völkerrecht an meiner Heimatuniversität auf Kriminologie spezialisiert war, und seit der Zeit auch praktisch in der Gefangenenbetreuung tätig war.

Es lässt sich historisch eindeutig darlegen, dass Schutzdenken immer mit Schutzbehauptungen einher ging. Sklaverei von Afrikanern in Europa und später in den Vereinigten Staaten wurde gerechtfertigt mit dem Argument, diese Menschen seien 'so dumm, dass sie nicht für sich selbst sorgen können und daher ihr Leben nicht selbst bestimmen können.'

So wurde die Idee an die Massen verkauft, man müsse für den Schutz dieser Menschen einstehen, und mit dieser Behauptung wurde Sklaverei dann offiziell gerechtfertigt und anerkannt. Heute wird hinsichtlich des Sexuallebens der Kinder in genau derselben Weise argumentiert. Einerseits wird stillschweigend geduldet, dass Kinder in der Schule Wissen in sich hineinfressen müssen, das keinerlei Bezug hat zu ihrem Seelenleben, und andererseits wird behauptet, Kinder seien zu klein und schutzbedürftig, um verantwortlich mit ihrem Körper umzugehen. Sexualität traumatisiere sie, wird gesagt, obwohl es seit Anfang des 20. Jahrhunderts klar feststeht, dass das Kind bereits als Fötus sexuell ist, und sexuelle Aktivität, gleich in welchem Alter, nicht nur nicht traumatisiert, sondern einen ganz klaren positiven Einfluß auf unsere Gesundheit, unseren Realitätssinn, unsere Identität und unser kritisches Denkvermögen hat.

Kinderschutz im Sinne einer gesetzlich angeordneten und öffentlich als moralisches Gebot proklamierten Abstinenz des Kindes und des Jugendlichen ist daher wohlverstanden ein Schachzug, der darauf abzielt, identitätslose, unkritische und im großen und ganzen totalblöde Konsumenten heranzuzüchten.

Ich merke hier denn auch nur im Vorbeigehen an, dass das Niveau des amerikanischen Schulsystems erwiesenermaßen nicht nur unter dem Niveau des europäischen Schulsystems liegt, sondern gar unter dem Niveau der meisten Schulsysteme von Entwicklungsländern!

Dies ist natürlich kein Zufall im reichsten Land der Welt, sondern Teil eines Systems, in welchem Kinderschutz Konsumnutz ist, und wo darüber hinaus die soziale Realität wenn immer möglich so geschmiedet wird, dass der herrschenden Strata von international operierenden Industriebonzen damit gedient ist.

So wird denn in Sachen Kinderschutz hier über die letzten Jahre einfach das Blaue vom Himmel gelogen und es werden Behauptungen aufgestellt, die zu verschleiern trachten, was offensichtlich ist.

Das Kind ist eine Konsummaschine, die in der modernen Konsumkultur ökonomisches Gewicht hat; nicht umsonst begann die Repression der kindlichen Sexualität historisch ganz genau mit der Industriellen Revolution, also von etwa der zweiten Hälfte des 17. Jahrhunderts an. Dies ist keine müde 'philosophische' Theorie, sondern wurde von der Fachliteratur sowohl in Europa wie in USA als historisches und psychosoziales Faktum klar herausgearbeitet.

Einer der wichtigsten Punkte auf der Agenda einer neuen Gesellschaft ist die Rückgängigmachung früher Geschlechtsspaltung in der Kindererziehung. Wir alle tragen in uns Charakteristiken beider Geschlechter und es kann für manch eine(n) verwirrend sein, dass unsere Kultur uns auf ganz bestimmte Merkmale und Verhaltenswiesen des einen oder anderen Geschlechts hin festlegen will.

Es gehört Persönlichkeit, Selbstvertrauen und Selbstbewusstsein dazu, dieser zivilisatorischen Schablonisierung individuell die kalte Schulter zu weisen und das eigene So-Sein als richtig und gesund zu akzeptieren. Es ist unzweifelhaft, dass in der Praxis derartigen Zuordnungen eine Label–Funktion zukommt.

Das hat positive und negative Folgen. Positiv gesehen, geben Gruppenzuordnungen Individuen, die sich zugehörig fühlen, emotionale Sicherheit, den Eindruck, sich in seinem Sosein irgendwo zuhause zu fühlen, akzeptiert, so wie man ist in seiner bestimmten Art. Negativ kann damit Angst erzeugt werden, weil man sich niemals so sicher sein kann, ob man nun wirklich so und so ist, und nicht anders. Zum anderen fällt auf, dass man Sexualität auch ganz anders betrachten kann. Es ist nämlich nicht erforderlich für die Lustempfindung, Sexualität als Bereicherung einer Partnerbeziehung anzusehen, sondern man kann sie voll und ganz autoerotisch leben.

Und über die genitale Stimulation hinaus, ist der Lustbereich viel weiter. Er erstreckt sich, um genau zu sein, auf den gesamten Bereich unserer Haut. Hier einengend von sogenannter taktiler Sexualität zu reden und nicht von Sexualität an sich macht keinen Sinn. Denn jede

Form von Sexualität ist taktil. Ohne Taktilität keine Sexualität.

Die Frage nach der Existenz einer Taktilsexualität oder Streichelsexualität ist eigentlich auch eine ziemlich neuzeitliche. Sie ist Teil des *New Age* und ging ursprünglich von der Intention aus, aktfixierte Sexualauffassungen der Vergangenheit als ungültig und willkürlich zu erklären.

Denn Sexualität in bestimmte Akte einschränken zu wollen und nur innerhalb bestimmter Akte anzuerkennen, ist Teil des kartesianisch-mechanistischen Weltbildes des Fische-Zeitalters. Heute wird eine solche Auffassung von Sexualität sogar im konservativeren Teil des Fachschrifttums als überholt angesehen. Allerdings werden oft nicht alle sozialethischen Konsequenzen aus diesem Paradigmenwechsel gezogen. Hier geht es mir wohlgemerkt nicht darum, ob es eine Streichelsexualität gibt oder nicht.

Meine Ansicht hier ist, dass die umfassendste Form von Sexualität überhaupt Taktilsexualität ist, also unsere natürliche Hautsexualität und dass es daher grundfalsch ist, von einer taktilen Sexualität so zu reden oder zu schreiben, als sei es eine eigene Form oder Kategorie von Sexualität. Denn das ist es eben nicht. Jede Sexualität ist taktil, und vor allem taktil.

Heute jedoch würden in unserer Kultur viele es als unüblich angesehen, Kinder sich nackt gegeneinander kuscheln zu lassen, oder dass sich gar Kinder und Erwachsene gemischt in einem Bett oder auf einer Matte tummeln. Und dies, obwohl wir nun auch von der Wissenschaft her die Bestätigung erhielten, dass Hautkontakt, Wärme, Zusammensein, Zärtlichkeit, Nacktheit, Streicheln und Massage für Menschen aller Altersgruppen gleichermaßen wichtig und lebensnotwendig sind.

Wie bereits erwähnt, haben verschiedene Forscher die Folgen einer Deprivation von Liebesnahrung näher untersucht und kamen zu überraschenden und eigentlich alarmierenden Folgerungen. Leider waren solche Forschungen häufig auf die Affenwelt bezogen, obwohl man aus Gründen genetischer Ähnlichkeiten solchen Untersuchungen ihren Wert nicht gänzlich absprechen kann.

Dennoch scheint es naheliegend, gleich beim Menschen solche Phänomene zu beobachten. Die Pädiatrie und vor allem die neuere Kinderpsychologie haben uns hier gute Dienste erwiesen. Denn alle diejenigen Fachleute, die sich mit Kindern beschäftigen, sind sich einig, dass Kinder, die lieblos aufwachsen, größere Anpassungsprobleme und Lernschwierigkeiten aufweisen, als solche, die mit Liebe und Wärme, und vor allem mit Hautkontakt während ihrer jungen Jahre, aufgewachsen sind.

Erstere Gruppe von Kindern sind insbesondere diejenigen, die man als *zappelig* bezeichnet, die durch schwaches Konzentrationsvermögen auffallen und die relativ kontaktarm sind, oder aber sich durch aggressiv-unkooperatives Verhalten leicht von der Gruppe ausschließen lassen. Sie werden meist als schwierige Kinder oder als Problemkinder abgetan oder gar als delinquent herabgewürdigt.

Beim Kleinkind ist man sich heute einig, dass die taktile Stimulation essentiell ist für seine physische und psychische Gesundheit und sein gesundes Wachstum und es ist bewiesen worden, dass enger und langandauernder Hautkontakt des Babys mit Mutter oder Vater oder anderen taktilnutritiven Personen sein Immunsystem entscheidend stärkt und das Kind krankheitsunanfälliger macht.

Wie bereits weiter oben angedeutet, hat der amerikanische Neuropsychologe James W. Prescott herausgefunden, dass bestimmte Kulturen, fahren sie weiterhin damit fort, Kinder in einer liebesarmen und taktilnutritiv deprivierten Umgebung und Moral aufzuziehen und voreheliche Sexualität zu verbieten, in einem wahren Chaos von Gewalt ertrinken werden. Denn Gewalt, so stellte Prescott wissenschaftlich fest, entsteht durch eine Kompensationsreaktion des Gehirns für mangelndes Berührtwerden.

Unsere Betrachtung kann insoweit nur Denkanstöße geben. Das Problem der heutigen Debatte ist, dass sie steif wurde, rigide und mit Angstklischees durchsetzt. Der böse Mann von nebenan geistert nicht nur in amerikanischen Talk-Shows herum und die allgemeine Hysterie bezüglich kindlicher Erotik und ihrer Lusterzeugung beim Erwachsenen kommt dem taktil bedürftigen Kind nicht gerade zugute. Babymassage, wie Frederick Leboyer sie in Indien kennen lernte und im Westen propagierte, ist denn auch eine mögliche Form von taktiler Stimulation, von Hautkontakt.

In diesem Sinne können wir sagen, dass Liebe sprichwörtlich durch die Haut geht. Hautkontakt ist uns ein spontanes Verhalten, um Liebe mitzuteilen. Die Eltern streicheln ihr Baby und küssen es. Liebende umarmen sich. Kleine Kinder wollen mit den Eltern schlafen und Geschwister teilen ganz natürlich ihr Bett, jedenfalls bis zu einem gewissen Alter. Hier spielen gesellschaftliche Erwartungen eine die Natur überlagernde Rolle.

Historisch war es so, dass Hautkontakt als völlig natürlich anerkannt war und dass auch sexuelle Kontakte in bestimmten institutionalisierten Formen bis zu den ersten Zeugnissen menschlichen Lebens zurückzuverfolgen sind.

Darüber hinaus, so berichtet zum Beispiel Françoise Dolto ihrem vorerwähnten Buch 'La Cause des Enfants,' waren noch im siebzehnten Jahrhundert Liebes- und Sexualkontakte zwischen Frauen und kleinen Jungen keine Seltenheit.

Die Aufteilung von Liebe und Erotik in verschiedene sexuelle Gruppen oder Ordnungen erscheint denn auch nach allem ein wenig mechanistisch. Solche Sexualmathematik mag gewissen Kategorisierungsbedürfnissen entsprechen. Dem Leben sind sie nicht gerade entnommen. Denn in der Praxis sind die Übergänge meistens fliessend. Bereits zu babylonischen oder biblischen Zeiten gab es Menschen, die auf Liebe paranoisch reagierten. Die Schriften nicht nur unserer eigenen Kultur sind voll von Zeugnissen dieser Tatsache.

In ihrem historischen Verlauf, ihrer sogenannten Evolution, die meiner Ansicht nach eher eine Devolution seit der minoischen Zivilisation ist, hat die Menschheit nicht mehr Toleranz gelernt. Die menschliche Geschichte ist vielmehr ein Wechselspiel von Zeiten oder Kulturen grösserer und geringerer Toleranz. Augenscheinlich ist, dass alle moderne Wissenschaft, alle Aufklärung und aller guter Wille nicht verhindern konnten, dass heute wieder in sensiblen Bereichen des Lebens eine Art dunkles Mittelalter angebrochen ist, eine Zeit paranoischer Ängste und abergläubischer, zum Teil abstrus lebensfremder Vorstellungen.

Meine Auffassung ist, dass Wissenschaft uns nicht lehren kann, was Liebe ist. Nur die Liebe selbst kann es. Mit anderen Worten: wer selbst als Kind Liebe, Wärme und Hautkontakt erfahren hat, wird solchen Erfahrungen auch später offen und positiv gegenüberstehen.

Das Problem, so scheint es, ist nicht, dass die meisten Menschen nicht genügend informiert oder nicht wissenschaftlich interessiert sind, sondern dass sie sich im Gegenteil bei ihren Werturteilen zuviel auf das stützen, was sie von anderen hören oder von gewissen als Autorität angesehenen Instanzen erfahren, als auf ihren eigenen Körper zu hören, auf ihren eigenen Tastsinn! Alle wissenschaftlichen Untersuchungen bestätigen, dass in aller Regel diejenigen, die selbst als Kind ihre Sexualität positiv erleben durften, sei es in Kontakten mit Gleichaltrigen oder Älteren, sei es mit ihrem eigenen oder dem anderen Geschlecht, solche Kontakte und die Möglichkeiten dazu auch später bejahen und positiv bewerten werden.

Dies einmal vorausgesetzt, ist es jedoch nicht unmöglich, sich gegen allergische Reaktionen der Umwelt und eigene Sexualängste gleichermaßen zu wappnen. Dies erfordert allerdings ein klein wenig Glauben an das Gute das in uns allen ist das Gute, das in jeder Liebesbeziehung, in jeder Anziehung auch sexueller Art, überhaupt verborgen ist.

Um bisher zusammenzufassen, so habe ich als Auswege aus der ödipalen Verstrickung drei fundamentale Änderungen in unserem Verhaltensgrundmuster erwähnt:

—Unsere natürliche Bisexualität erkennen und zulassen;

—Unsere taktile Sensitivität anerkennen und fördern;

—Kindern erlauben, so lange sie wollen, in einer gewissen Androgynität aufzuwachsen.

Es ist interessant, hier anzumerken, dass gechannelte Literatur, wie zum Beispiel die Seth Bücher von Jane Roberts diesen Punkt ebenfalls als zentral erwähnen für den Ausweg aus der Mordkultur. Hier ein Zitat aus *Die Natur der Psyche (1979/2000)*: 'Eure Überzeugungen führen zur Annahme, dass eine natürliche Bisexualität zum Tod der Familie führen würde, zur Zerstörung der Moral, zu zügellosen Sexualverbrechen und zum Verlust der sexuellen Eigenart. Ich würde aber sagen, dass dieser mein Ausspruch (mit trockenem Humor) vielmehr eure gegenwärtige Situation genau beschreibt. Eine Annahme der natürlichen Bisexualität des Menschen würde diese und viele andere Probleme letztlich lösen, so auch das der verbreiteten Gewaltakte jeder Art.' (Id., 99)

Diesen drei zentralen Punkten bei unserer individuellen und kollektiven Transformation zu einer erotisch intelligenten Kultur, möchte ich einen weiteren hinzufügen. Es ist das Prinzip der *Selbstregulierung*.

Wilhelm Reich fand dies durch schlichte Naturbeobachtung heraus. Die Natur organisiert sich, ganz anders als die traditionelle menschliche Gesellschaft, in einem freien Spiel der Kräfte. Das Wetter, alle Zyklen des Lebens von seiner Entstehung bis zu seinem Ende, der Prozess von Gesundheit und Krankheit—alles unterliegt der Selbstregulierung. Alle diese Prozesse laufen von selbst ab, nach einer Art Programm, das die Natur dafür vorsieht und das gleichzeitig sehr einfach und sehr komplex ist.

Angesichts der Bedeutung des Prinzips der Selbstregulierung, möchte ich die vorerwähnten drei Punkte nun noch etwas einfacher zusammenfassen, um es dem Leser zu ermöglichen, diese grundlegenden Erneuerungen in seinem Leben durchzuführen. Eine positive Änderung in diesen drei Punkten wird Ihnen helfen, aus der ödipalen Kultur auszusteigen und ein wesentlich höheres Maß an erotischem Bewusstsein zu erreichen, als dies heute möglich oder wahrscheinlich erscheint.

ZWÖLFTES KAPITEL

Im Gegensatz zum Hauptstrom in der Psychoanalyse und der Sexualwissenschaft sehen viele Menschen heute Sexualität nicht nur dann als normal an, wenn sie aufs andere Geschlecht gerichtet ist, und welche man Heterosexualität zu nennen pflegt, sondern auch dann, wenn sie auch das eigene Geschlecht umfasst, also Bisexualität, oder sich exklusiv dem eigenen Geschlecht zuwendet, also Homosexualität.

Weiterhin in reger Diskussion ist der Bereich der Pädophilie und der sexuellen Betätigung innerhalb der Familie; hier kann man wohl heute sagen, dass sich die Mehrheit einem Prinzip strikter Linie verschreibt, das Volljährigkeit als alleiniges Kriterium für sexuelle Mündigkeit ansieht und ansonsten Sexualität mit Minderjährigen, und erst recht innerhalb der Familie, strikt und meist auch ziemlich aggressiv verneint.

Was hat es nun aber auf sich mit dieser sogenannten Normalität oder Natürlichkeit von Sexualität?

Zur Rechtfertigung traditioneller Sexualanschauungen wird häufig aufs Tierreich verwiesen, wo doch angeblich alles so 'normal' sei. Abgesehen von der Tatsache, dass neuere Untersuchungen erbracht haben, dass auch bei Tieren homosexuelles oder pädophiles Verhalten unter bestimmten Umständen auftreten mag, mutet der Verweis aufs Tierreich komisch an, kommt er doch meist gerade von Leuten, die die Spiritualität des Menschen lauthals unter Beweis stellen wollen.

In einem Atemzug behaupten sie, der Mensch sei in der Schöpfung dem Tier überlegen und habe mehr Freiheit erhalten als dieses, doch wenn es um den Bereich der Sexualität geht, wenden sie schnell angstvoll ein, alles, was der Mensch in diesem Bereich tue und das vom angeblich so normalen, da tierischen 'Männchen hüpft aufs Weibchen' abweiche, schlechthin pervers und abartig sei. Haben sich Menschen, die eine solche Argumentation ernsthaft vertreten, schon einmal gefragt, ob es wohl unter den Tieren eine Rasse gibt, die Waffen hergestellt hat, die es ihr erlaubt im Zeitraum einer Minute alle Exemplare ihrer Rasse viertausendmal vom Erdboden zu blasen? Der Mensch ist ganz offensichtlich das einzige Lebewesen auf Erden, das genügend Perversität besitzt, um zu solchen wahrhaft unnatürlichen Handlungen fähig zu sein.

Anders gefragt, warum sollte die Sexualität des Menschen eigentlich so sein, wie die des Tieres? Auch die Ernährung des Menschen und seine gesamte Lebensweise unterscheiden sich schließlich nicht wenig von der der meisten Vertreter des Tierreiches.

Schon die Stellung dieser Frage zeigt, wie absurd sie im Grunde ist. Geht es also in Wahrheit nicht vielmehr darum, eine auf den Menschen zugeschnittene, also humane Sexualität zu schaffen oder anzuerkennen, als den Menschen in einer seiner persönlichsten Ausdrucksformen der Imitation tierischen Verhaltens zu unterwerfen? Humane Sexualität ist eine solche, die ganz auf den Menschen zugeschnitten ist und von vergleichbaren Vorbildern aus dem Tierreich befreit ist.

Humane Sexualität geht von der Wahrheit aus, dass der Mensch eine sich vom Tier unterscheidende Natur besitzt, ob man diese nun als spirituell qualifiziert oder nicht, und grundsätzlich nicht, wie das Tier, durch Instinkte gebunden ist. Humane Sexualität erkennt die grundsätzliche kreative Freiheit des Menschen beim Ausdruck seiner sexuellen Wünsche an. Sie geht davon aus, dass Sexualität eine Form von Kreativität ist und ihren Platz in jedem erfüllten und freudvollen Menschenleben besitzt.

Humane Sexualität ist das Sexualverhalten des Menschen der Zukunft. Sie weltweit zu realisieren bedeutet ein Entwicklungsfortschritt der gesamten Menschheit hin zu mehr Humanität und Spiritualität, zu mehr Menschlichkeit und Wahrheit in allen Beziehungen.

Humane Sexualität ist affektive Kommunikation in körperlichem Ausdruck zwischen Menschen mit dem Ziel sexueller Befriedigung, also orgastisch-energetischer Entladung. Dieses energetische Phänomen der Sexualität, das das lustfeindliche Patriarchat und sein Exekutivorgan, die Kirche, ausblendeten mit allen Mitteln, ist es, warum wir sexuell aktiv sind und sein sollten bis ins hohe Alter. Es ist nicht etwa, wie immer behauptet wird von fundamentalistischen Religionen, die prokreative Funktion der Sexualität.

Der Natur geht es darum, dass wir glücklich sind, nicht dass wir Kinder anhäufen wie Kleiderbügel im Schrank. Die Überbevölkerung der Erde hat hier ihren Grund, in diesem materialistisch-patriarchalischen Wertsystem, das mit seinem 'seid fruchtbar und mehret euch,' gleich einer hypnotischen Formel in die Bibel und andere heilige Bücher geschrieben wurde.

Und es hat dies mit Spiritualität nichts, aber auch gar nichts zu tun. Es ist die Frucht von rein materialistischem Denken, das das Kind als Besitz des Vaters ansieht, das zu diesen und anderen irrsinnigen Sprüchen führte, von denen alle heiligen Bücher der Welt strotzen. Sicher, wo mein Kind mir Besitz ist, kommt es mir darauf an, möglichst viele von den Dingern zu haben, und nicht nur gerade eines. Das ist der wahre Grund, warum die Person des Kindes, vieldiskutiert, bis heute nicht respektiert wird in unserer Gesellschaft.

Die bereits erwähnten Studien von Malinowski und Mead bei sexuell hoch permissiven tribalen Kulturen ergaben zudem, dass diese Kulturen natürliche Verhütungsmittel kennen, von denen zivilisierte Völker gemeinhin keine Ahnung haben. Und sie nutzen diese Verhütungsmittel, sie gebrauchen sie, auch Jugendliche, und nicht wie in den meisten unserer Entwicklungsländer, wo alle millionenschweren Kampagnen zur Empfängnisverhütung bis heute nichts genutzt haben. Denn der Grund, warum sie nichts genutzt haben liegt darin, dass sie das hypnotische Gebäude, das die heiligen Schriften all dieser Länder errichtet haben, nicht niederreißen können.

Ich weiß, dass es nicht einfach ist, mit seiner Sexualität zu Rande zu kommen, wenn man unter dem schwarzen Kreuz christlicher Sexualverneinung erzogen wurde. Unsere Gesellschaft ist hermetisch in dieser Hinsicht, und es ist gemeinhin recht schwer, das nötige Vertrauen zu bilden zu einem Ratgeber, zumal das Arztgeheimnis in den psychiatrischen Berufen in angelsächsischen Ländern seit ein paar Jahren nicht mehr besteht, wenn es sich um sogenannten sexuellen Kindesmissbrauch handelt (*child sexual abuse*).

Den entscheidenden Schritt, deine Sexualität anzunehmen, musst du denn auch selbst tun, und da kann dir keiner, kein Freund, kein Arzt und kein Psychologe helfen. Du musst das Verlangen als solches akzeptieren lernen, bevor du über die spezifische Art und Ausrichtung deiner Sexualität nachdenkst.

Denn da hakt es meist: das Verlangen nach Lust wurde uns durch eine starrsinnige Erziehung zum christlichen Opferlamm mehr oder weniger gründlich ausgetrieben. Wie war das mit dem Körper, mit unserem Körper? Empfanden wir ihn wirklich als uns gehörend? Oder gehörte er, oder bestimmte Teile davon, der Mutter, dem Vater oder—dem Teufel? Oder waren bestimmte Körperteile als schmutzig oder unrein empfunden worden? Wie war das mit Schnecken, die einen Schleim abgaben auf den Strassen wenn es geregnet hatte, oder mit Regenwürmern? Hatten wir Angst davor? Zertraten wir in schneller Wut dieses Getier, das uns eine so eigenartige Malaise einflößte? Wie war das mit Mäusen, die ein kleines Pelzchen haben? Oder mit dem Austernessen? Oder Spinnen? Wie war es mit Körpergeruch, war er unangenehm oder aufregend? Sollte er verhindert werden mit dreimal Duschen am Tag, Deo oder tonnenweise Seife beim Waschen draufgeschmiert?

Dachte man als Kind an Deodorant? Oder liebte man den Geruch, der einen abends im Bett unter der Decke einhüllte?

Alle diese Fragen betreffen unseren Körper, der doch einerseits so vernachlässigt wird in einer Kultur mit christlichem Moralsatz, aber andererseits von der Werbung und allen Medien in auffallend narzisstischer Weise dargeboten wird—was bringt uns dieser Widerspruch? Bringt er uns Sicherheit oder Unsicherheit oder fühlen wir uns gar gezwungen, aus Gründen der Mode und des Zeitgeschmacks diese Vergötterung des Körpers mitzumachen, während wir in Wirklichkeit—ich meine abends, wenn wir müde sind und nackt vor dem Spiegel stehen, oft denken:

— Oh dieser Körper! Man könnte ganz gut ohne ihn auskommen. Er bringt doch nur Arbeit mit sich, und dann immer dieses Verlangen, dieses quälende unstillbare Verlangen, das nach Befriedigung verlangt, und diese Not, sich einen Partner suchen zu müssen, dieses Gezwungensein, die Ansprüche dieses Körpers zu erfüllen!

Existiert die Dualität Geist–Körper wirklich? Oder ist sie Kreation des Denkens? Sind Geist und Materie getrennt oder sind sie eins? Sind sie nicht vielmehr komplementär? Oder verschiedene Aggregatzustände von Energie—von Lebensenergie?

Wie ist es mit unserer Energie, unserer Vitalenergie, unserer sexuellen Energie? Fühlen wir sie? Wo fühlen wir sie? Im Unterbauch und nur im Unterbauch? Oder sitzt da viel mehr eine Art Block, eine Art Kloß aus erhärteten Muskeln?

Oder leben wir nur mit dem Kopf, mit dem Geist, und sollte uns egal sein, was wir *fühlen?* Ist uns das alles egal, weil wir auf der Universität arbeiten oder einen sogenannten geistigen Beruf haben?

Diese Fragen sind als Türöffner gedacht, und sie verlangen daher nicht eine konkrete Antwort. Sie sprechen Deine Intuition direkt an! Du solltest, lieber Leser, einfach mit der Frage bleiben, und dein Unterbewusstsein antworten lassen! Die Antworten kommen, aber es braucht meist ein paar Tage, manchmal auch länger. Und plötzlich ist die Antwort da, intuitiv, als Gedankenblitz.

Es würde nichts nützen, wenn ich hier Antworten gäbe, denn diese würden nur für mich gelten. Denn zu diesen Fragen gibt es keine allgemeingültigen Antworten. Wir sind sexuell alle verschieden.

Daher sind auch die Antworten zu diesen Fragen subjektiv verschieden, weil es Objektivität nur in unserem abstrakten Denken gibt. Unser Körper, über den wir hier reden, ist aber immer subjektiv, immer real und niemals ein abstraktes Konzept — auch wenn leider viele Ärzte ihn als solches ansehen.

Wenn ich also einige dieser Fragen beantworte, so tue ich dies in meinem Sinne und kann es nur in meinem Sinne tun. Habe ich dann, wenn ich dies tue, eine Meinung ausgedrückt? Oder ist es nicht vielmehr eine Wahrheit? *Die Wahrheit?* Oder eine subjektive Wahrheit, eine private Wahrheit, eine intime Wahrheit? Ist eine subjektive Wahrheit keine Wahrheit, oder eine Abart von Wahrheit. Oder eine Meinung von Wahrheit?

Meiner subjektiven Meinung nach, ist es eine Wahrheit, die aber dadurch, dass wir darüber reden, zu einer objektiven Wahrheit wird. Zur Wahrheit eben, der Wahrheit unseres Gefühls, unseren Körper und unsere Lust zu erleben, gewissermassen unter uns und ohne Fernseher, der aufgibt, was wir zu empfinden haben, und was nicht.

Ist das nicht alles ziemlich einfach — wenn wir es ohne Gedanken, ohne Konzepte und ohne Vorurteile angehen? Und ist es nicht ziemlich schwierig, wenn wir unehrlich bleiben wollen gegenüber uns selbst, all dies *nicht* wahrzunehmen, all dies nicht zu empfinden, all dies nicht zu fühlen, es also zu vergessen, zu verdrängen, zu überspielen, wegzurationalisieren? Erfordert es nicht ziemlich viel Energie, diese Verdrängung zu bewerkstelligen, und auf Dauer aufrechtzuerhalten, statt sich unserer Wahrheit zu stellen?

Die Folgen dieser Verdrängung kennen wir alle. Kompensationen. Zigaretten, Alkohol, schnelle Autos, Drogen, eine tolle Ehefrau, ein toller Ehemann, und tolle Kinder, mit denen man sich umgibt wie mit Fahnen, die anzeigen, dass man an dies und das glaubt, und Bildung, Kultivierung, Wissen, Macht, Erfolg und Ruhm besitzt. Und wenn all das auch nichts hilft? Selbstmord.

Wenn wir ehrlich sein wollen und wir begegnen der Angst in uns — und denken an die Schnecken, Mäuse und Spinnen unserer Kindheit, oder an unsere Eltern und das, was sie uns verboten oder uns anmahnten über eine gewisse Unreinheit, oder gewisse Spiele, die dem Gott Vater nicht gefällig sind und all der Rest von hypnotischen Suggestionen, die das abtöten im Kinde, was im reduktionistischen Weltbild der Eltern keinen Platz hat, weil es Angst erzeugt … was passiert dann? Die Angst setzt sich an den Platz, wo vorher das Gefühl war, das Verlangen, die Lust, die Freude. Und es wird diese Angst gekoppelt an die Lust und auch so empfunden. Das heißt, jedesmal, wenn das Verlangen kommt, die Lust, kommt auch die Angst. Und dann ist die Angst eben Bestandteil unseres emosexuellen Lebens geworden und wir bilden, wie unsere Eltern zuvor, ein reduktionistisches Weltbild, wo die direkte Wahrheit eben ausgeblendet ist und bleibt — und damit die Angst. Denn Angst ist unangenehm. Sie hindert uns, sie saugt uns Energie ab, sie reduziert unser kreatives Potential beachtlich.

Dann machen wir vielleicht eine Therapie mit. Und was passiert? Die Angst kommt dann wirklich ganz hoch, sie wird so stark, dass man glaubt, sie stranguliere einen. Ganz einfach, weil man sie dann nicht mehr verdrängt, sondern zulässt.

Ist diese Angst dann, die man also zulässt und die, weil man sie fühlt, viel stärker und bedrohlicher erscheint, ist diese Angst, die bis dann in unserem Unterbewusstsein geschlummert hat und uns nur in unseren Alpträumen bedrängte oder bisweilen Impotenz oder Frigidität hervorrief, ist diese Angst dann realer, ist sie greifbarer — und dadurch vielleicht heilbarer? Einen Feind, den man nicht sieht und nicht hört, oder von dessen Existenz man nichts weiß, weil man nichts davon wissen will, einen solchen Feind kann man schwerlich angreifen oder sich wehren gegen ihn.

Man kann die Angst nicht besiegen, aber man kann mit ihr leben. Man kann sie ansehen, beobachten, fühlen. Und so gewöhnt man sich an sie. Man freundet sich mit ihr an. Man beginnt, sie zu verstehen, zu lieben. Warum? Weil man erkennt, dass diese Angst Teil von uns selbst ist und nicht getrennt werden kann von uns.

Wenn du dahin gelangst, dein Verlangen zu akzeptieren, dann ist es nur noch ein kleiner Schritt, auch deine natürliche Bisexualität zu begreifen und mit ihr zu leben und sie als eine Form von persönlicher Kreativität anzusehen. Dass dabei sich deine Beziehungen ändern werden, ist klar. Aber sei versichert, sie werden sich positiv dabei verändern!

Dreizehntes Kapitel

Taktile Sensitivität

Es ist bekannt, dass zum Beispiel bei den Eskimos völlige Nacktheit zwischen Erwachsenen und Kindern innerhalb des Iglu üblich ist, und die Schlafweise sich auszeichnet durch engen Körperkontakt aller Familienangehöriger.

Nach Überwindung puritanischer Körperfeindlichkeit haben auch in industrialisierten Kulturen mehr und mehr Menschen zurückgefunden zur Einsicht in die Wichtigkeit von affektiv motivierten Berührungen, in die Notwendigkeit körperlicher Nähe, nicht nur zwischen Familienmitgliedern.

Wie ich bereits ausführte, haben uns Psychologen und Soziologen darauf hingewiesen, dass ein Zusammenhang zwischen Körperfeindlichkeit und Gewalt besteht, derart dass man die Gleichung aufstellen kann: Mehr Berührung, mehr Nähe, mehr Hautkontakt und körperliche Zärtlichkeit gleich weniger Gewalt. Das gilt nicht nur kollektiv, sondern auch individuell. Das heißt, es gilt auch für

Dein eigenes Leben. In deinem Leben wird weniger Gewalt und Zwang herrschen, wenn du deine taktile Sensitivität erhöhst, indem du Berühren und Berührtwerden angenehmer findest und öfter positiv erfahren möchtest als bisher. Und wo fängt das an? Es fängt an dabei, wie du dich selbst berührst, und was du dabei empfindest!

Und natürlich spielt auch eine Rolle, was du darüber *denkst*. Es spielt vielleicht sogar die Hauptrolle. Ist es für dich Inzest, wenn ein Vater sein nacktes Töchterchen liebevoll über den ganzen Körper streichelt? Ist es Pädophilie für Dich, wenn ein Mann das gleiche tut, sagen wir mit einem Kindchen aus der Nachbarschaft?

Wenn du das denkst, oder fühlst, dann ist es in der Tat für dich so gut wie ausgeschlossen, deine taktile Sensitivität zu erhöhen. Das ist so, weil dein Glaubenssystem dir Taktilität im Grunde verbietet. Und warum? Weil du Berühren und Berührtwerden, ganz altmodisch, unmoralisch findest, und weil du es offenbar nur sexualisiert erleben kannst!

Berühren und Berührtwerden hat aber nichts mit Sexualität zu tun, weil es nicht ohne weiteres sexuell intendiert ist. Als inzestuöse oder pädophile Verhaltensweisen können wir natürlich nur solche qualifizieren, die zwischen Erwachsenem und Kind eine *sexuelle Verhaltensweise im Wortsinne* darstellen, eine solche nämlich, die über bloßen Hautkontakt hinausgeht und allem Anschein nach auf sexuelle Befriedigung bei mindestens einem der Partner ausgerichtet ist!

Bei dieser Abgrenzung nichtsexueller Zärtlichkeit zwischen Erwachsenen und Kindern von sexueller Interaktion kann es nicht nur auf eine solche innere Motivation des Erwachsenen ankommen. Denn eine solche innere Motivation ist praktisch nicht nachweisbar und könnte nur allzu leicht mit einem rein affektiv intendierten Hautkontakt verwechselt werden.

Um ein praktisches Beispiel für diese subtile Abgrenzung zu geben. Es ist bekannt, dass Mütter sexuelle Erregung und sogar Orgasmen erleben, wenn sie ihre Kleinkinder säugen. Solche Mütter deswegen des Inzestes zu bezichtigen erscheint jedem vernünftigen Beobachter zu Recht als abwegig. Stellt man ab auf die äussere Handlung, also dem Stillen, so lässt diese keinen sexuellen Charakter im engeren Sinne erkennen.

Andererseits ist vorstellbar, dass sich ein Erwachsener, der nach den Umständen pädophile Interessen verfolgt, sich mit einem befreundeten Kind nackt in der Wohnung aufhält, badet oder sogar in einem Bett schläft. Wenn es zwischen den beiden zu keiner wirklichen sexuellen Handlung kommt, lässt sich nach der vorgeschlagenen Abgrenzung der Erwachsene nicht eines sexuellen Delikts bezichtigen. Denn würde man seine bloßen pädophilen Interessen oder Absichten in die Waagschale werfen, um ihn zu seinem Nachteil strafrechtlich zu belangen, so liesse man ein rein inneres Faktum genügen, das durch äußere Handlung keinen Ausdruck fand.

Das aber wäre Gesinnungsstrafrecht und widerspricht dem konstitutionellen Grundsatz des *nulla poena sine lege*. Das heißt, das Parlament könnte ein solches Gesetz wohl machen, es wäre aber verfassungswidrig und könnte vom Bundesverfassungsgericht als null und nichtig erklärt werden.

Im Strafrecht sind nur Tatbestände strafbar, nicht Gesinnungen, Gedanken oder Neigungen! Tatbestände sind fest umrissene Verhaltensweisen und Handlungen, und sie müssen so genau definiert sein, dass sie dem *Bestimmtheitsgrundsatz* im Strafrecht genüge tun.

Der Bestimmtheitsgrundsatz ist nach Auffassung des Bundesverfassungsgerichts ein durch die Grundrechte direkt abgesicherter Verfassungsgrundsatz.

> — Siehe, zum Beispiel die Monographie von Matthias Krahl, Die Rechtsprechung des Bundesverfassungsgerichts und des Bundesgerichtshofs zum Bestimmtheitsgrundsatz im Strafrecht (Artikel 103, Absatz 2 Grundgesetz), 1986). Es ist hier speziell Artikel 103 Absatz 2 Grundgesetz, welcher den alten Verfassungsgrundsatz des Nulla Poena für das deutsche Verfassungsrecht formuliert: 'Eine Tat kann nur bestraft werden, wenn die Strafbarkeit gesetzlich bestimmt war, als die Tat begangen wurde.'

Um es also noch einmal klar zusammenzufassen, Berührungen, sowohl zwischen Erwachsenen, als auch zwischen Erwachsenen und Kindern sind nicht ohne weiteres dem Sexualbereich zuzuordnen, sondern den Bereichen Vertrauensbildung, nonverbale Kommunikation, Affektivität und Kinderpflege.

Das Problem hier ist bei den meisten Menschen Gedankeninhalte, die durch berührungsfeindliche Erziehungsmodelle gelegt wurden und die vom Unterbewusstsein das Denken und Handeln vieler Erwachsener bestimmen, vor allem dann, wenn sie mit Kindern zusammen sind.

Der Inhalt ihres Glaubenssystems ist daher ausschlaggebend dafür, welche Beziehung sie zu ihrem Körper und ihrer Sexualität entwickeln können. Denn aus den vorgenannten Gründen mögen sie sich noch so sehr abmühen, ihre Meinungen zu diesen Fragen zu ändern, innerlich werden sie dennoch blockiert bleiben, einfach deswegen, weil es hier nicht um Meinungen geht, sondern um unsere fundamentale Einstellung dem Leben gegenüber.

Solange wir Angst haben davor berührt zu werden, solange wir Angst haben, selbst andere zu berühren, solange können wir einfach nicht eine natürliche Beziehung zu unserem Körper unterhalten. Warum ist das so?

Das ist so, weil unser Körper sich durch Berühren und Berührtwerden definiert. Er ist taktil intelligent, nicht gedanklich intelligent. Er erfährt die Realität, das Leben, durch den Tastsinn und die anderen Sinne, nicht durch das Denken.

Wir wissen heute, dass viele Jugendliche im Selbstmord enden einfach deswegen, weil sie als Kind nicht genügend berührt worden sind von ihren Eltern. Ein Kind, das nicht berührt wird, kann Liebe nicht erfahren, und wird sich nicht geliebt fühlen, auch wenn es tausendmal am Tag von seinen Eltern gesagt bekommt, sie liebten es. Das ist so, weil Liebe nun einmal durch die Haut geht, und nicht durch den Kopf. In den letzten Jahrzehnten ist in den meisten Industrieländern, nicht nur im

Westen, die Selbstmordrate von Jugendlichen erschreckend angestiegen. Ein Teil der Adoleszenz bevorzugt den schleichenden Selbstmord durch Heroin, ein anderer katapultiert sich in Manien hinein, geil auf soziale Diplome, dem Turbo-Kleinwagen mit Riesenmotor, der gesicherten Existenz mit Hausstand genannt 'Frau und Kinder,' und die Lebensversicherung.

Was ist aber Adoleszenz wirklich? Ist es nicht auch die Revolte, die Abkoppelung von der Kindheit, die manchmal überaus frenetische Suche nach Autonomie, nach Identität, und vor allem ein starker Experimentiergeist? Freie Jugendliche sind allerdings kaum die, die alles kurz und klein schlagen wollen, noch die, die nur noch im Computerjargon daher quatschen und sich die Köpfe nach der neuesten Mode zerfetzen lassen, es sind weder die Freaks, noch diejenigen, die Enzensberger 'die läufigen Mitläufer' nannte. Es sind aber auch nicht die sexbesessenen Elvis Presley Verschnitte, noch hirnlose Imitate von irgendwelchen Italowestern.

Freie Jugendliche sind einfach solche, die ihre Adoleszenz ausleben und dabei sich selbst bleiben und gar, durch ihren Erfahrungsgewinn, jeden Tag mehr sich selbst werden. Es sind die, die offen sind, emotional und taktil, und die das Leben so annehmen, wie es ist, weil sie sich selbst so annehmen, wie sie sind.

Unsere heutige Sozialordnung muss dem gewandelten Bild des Jugendlichen in der modernen Kultur Rechnung tragen und ihm die Autonomie gewähren, die ihm als Mitglied dieser Ordnung zusteht. Diese Autonomie umfasst auch die sexuelle Selbstbestimmung im Rahmen gewaltloser und konstruktiver Selbstentfaltung, freie Partnerwahl und Respekt vor dieser Wahl.

Demgegenüber sieht die gegenwärtige Situation leider so aus, dass der Jugendliche, obwohl er sich selbst nubil weiß und in den Lebensbereich der Erwachsenen hinein aspiriert, vielfach infantilisiert wird, und dies in einer manchmal geradezu grotesken Weise. Sexualität wird vielen Jugendlichen einfach zwangsweise oder unter Drohungen jedweder Art untersagt, oder sie wird heimlich und unter ungesunden Bedingungen gelebt, weil sie offiziell eben nicht statthaft ist und weil die Industriegesellschaft sich nun einmal das Idealbild des reinen und arbeitsamen Jugendlichen zurechtgelegt hat—weil er Prototyp des späteren völlig willigen Konsumenten ist.

Sexualität ist nun einmal eine höchstpersönliche Form von Autonomie und passt nicht recht in das Bild des dozilen Bürgers, der seine Bedürfnisse von der Werbung regulieren lässt, die ganz bewusst verdrängte Sexualwünsche merkantil ausbeutet.

In dieser Situation sind Jugendliche oft gezwungen, Sexualität mit Partnern zu suchen, die ihnen affektiv nicht sehr nahe stehen, einfach wegen der guten Gelegenheit oder weil es ausnahmsweise erlaubt ist, während ihnen sexuelle Erfahrungen mit meistens älteren Partnern, die ihnen affektive Sicherheit und Geborgenheit vermitteln würden, infolge der Schutzgesetze und einer denunziatorischen und diabolisierenden öffentlichen Meinung versagt bleiben. Die Frage, ob Schutzgesetze, die sogenannten Gesetze zum Schutze der Jugend sinnvoll sind, oder ob sie nicht eigentlich Hebel sind, Neofaschismus zu stärken, habe ich an anderer Stelle beantwortet und kann hier nur darauf verweisen.

Es geht mir hier mehr darum, dem jüngeren Leser klar zu machen, dass er als Jugendlicher wohl durch eine Phase beachtlicher Selbstentfremdung gehen mag, welche es ihm schwer macht, seinen Körper anzunehmen. Denn diese Entfremdung, die sie wohl in ihrer Kindheit erlebt haben, war weniger eine Entfremdung von ihrem Geist, als eine von ihrem Körper.

Sie war erst in zweiter Linie dann auch eine Entfremdung von ihrem Geist, ihrer individuellen Persönlichkeit, ihren Begabungen, und ihrer Kreativität und Originalität. Weil all das nämlich davon abhängt, wie sie ihrem Körper gegenüberstehen. Sie können die ödipale Verstrickung nur lösen über ihren Körper, oder, sozusagen induktiv, vom Körper zum Geist hin, weil die ödipale Kultur sich gerade dadurch definiert, dass sie Kindern ihre Körper stiehlt und behauptet, die Eltern oder gar der Staat seien die Besitzer dieser Körper.

Diese Situation bringt sie in Konflikt zwischen dem, was von ihnen in ihrem Alter, vor allem im edukativen Bereich, an Verantwortung und Leistung abverlangt wird, und dem, was ihnen an persönlicher und vor allem affektiv-sexueller Autonomie zugestanden wird. Das kann im Einzelfall dazu führen, dass sie nicht nur zu einem solch widersprüchlichen Gesellschaftssystem, sondern auch zu ihnen selbst jedes Vertrauen verlieren. Und ein solcher tiefgehender Vertrauensverlust hat viele Folgen, von leichten Anpassungsproblemen bis zu Delinquenz, Drogenabhängigkeit und Selbstmord.

Ödipale Kultur—das bedeutet auch, dass die Kultur sie nicht darin unterstützte, die psychische Nabelschnur, die sie an den Mutterbauch, die Matrix, bindet, zu kappen. Und diese mangelnde Abnabelung, mit all den Mutterbauchfantasien, die das nach sich zieht, hält sie gefangen in einem Netz aus Träumen und Illusionen, und macht es ihnen schwer, sich einzugliedern in die äußere Realität des täglichen Lebens. Während natürlich ihr Innenleben, ihre Fantasien, ebenso Realität sind. Das Problem ist nur, dass ihnen diese innere Realität wenig hilft dabei, sich im Leben durchzusetzen und ihren Platz im Gefüge auszumachen. Oder sie müssen eben den heroischen Weg gehen, den alle Kreativen gehen und gegangen sind, und den auch ich selbst ging: sie müssen ihre innere Realität voll und ganz akzeptieren und sie in der äußeren Realität inkarnieren. Das ist sozusagen der große Weg, während sie natürlich auch den kleinen Weg wählen können, der bedeutet, sich in irgendeinem Job abzurackern, um zu überleben—statt wirklich zu leben.

Ich hole so weit aus, nicht um irgendwas daher zu reden, sondern weil es wirklich so umfassend ist, was sie begreifen müssen, um sich selbst und ihren Körper anzunehmen! Wenn es nämlich so einfach wäre, wie manche Lehrer, Pastoren und Psychologen es hinstellen, würden sich sicher nicht jedes Jahr so viele Jugendliche das Leben nehmen. Man bringt sich nicht um für Lappalien. Das ist einfach so.

Warum es uns so schwer fiel als Generation, die Welt so zu akzeptieren, wie sie ist, hängt mit der Rolle des Vaters zusammen. Während der Vater traditionell die Rolle hatte, das Kind von der Mutter weg, von der Familie weg, in die Gruppe, in das größere soziale Gefüge hinzuführen, wird der moderne Vater dieser Rolle nur noch ungenügend gerecht, einfach weil er meist durch Abwesenheit glänzt.

Das Resultat dieser Situation sind Jugendliche, die Affektion suchen, Aufmerksamkeit, Gehör und Anerkennung, Jugendliche, die etwas vermissen ohne recht zu wissen, was es eigentlich ist das ihnen so sehr fehlt, Jugendliche, die Angst haben vor dem Leben, vor sich selbst, vor Beziehungen, vor dem eigenen oder dem anderen Geschlecht, mit einem Wort, Jugendliche, die sich vor dem Leben verkriechen.

Doch Leben bedeutet ein Verlassen des Stammbaumes und eine Hinwendung zum Baum der Erkenntnis und da dem Menschen das Paradies nun einmal versagt wurde, muss er diesen Baum der Erkenntnis des Hier–Und–Jetzt finden. Es ist der Baum der Selbsterkenntnis und der Erkenntnis unserer irdischen Existenz. Es versteht sich von selbst, dass Initiation in die Erwachsenenwelt für den Jugendlichen nicht bedeutet, ihm mehr Freiheit im Umgang mit seinesgleichen zu geben, sondern mehr Freiheit im Umgang mit älteren oder jüngeren Partnern.

Es geht einfach darum, den Jugendlichen in seinem Verlangen zu wachsen und erwachsen zu werden anzuerkennen und zu fördern. Dies kann eine Gesellschaft nur dann für den Jugendlichen glaubwürdig unternehmen, wenn sie ihm sexuelle Autonomie zugesteht, ihm also den Schutz seiner körperlichen Integrität im großen und ganzen selbst überlässt.

Natürlich ist sexuelle Autonomie nur eine Form von Autonomie und vielleicht nicht einmal die wesentlichste. Aber es ist nicht zu vergessen, in welch hohem Maß die Schutzgesetze eine Art Signalfunktion auf den ganzen Bereich affektiver Beziehungen ausüben. Viele Menschen, vor allem Frauen und Mütter, mit denen ich diese Fragen diskutiere, neigen hier zu lapidaren Antworten wie 'Aber es ist doch klar, dass sich die Schutzgesetze nur auf Sexualität und auf Sexualität im engeren Sinne beziehen. Es fallen hier also sicher nicht affektive Beziehungen und Freundschaften darunter, und auch nicht Nacktheit im allgemeinen oder der Besuch von Rockkonzerten oder anderen sozialadäquaten Tätigkeiten!'

So offensichtlich ist das aber bei weitem nicht! Und die Grenzen zwischen Sexualität und Affektivität sind hier ebenso wenig offensichtlich, wie sie überhaupt in unserer Gesellschaft wenig offensichtlich sind, und weil die Medien heute eben dazu neigen, Verhaltensweisen, die man jahrtausendelang als der Affektivität zugehörig vermeinte, nun als sexuell oder sexuell intentioniert zu unterstellen.

Um zwei ganz einfache und ich möchte fast sagen banale Beispiele zu geben. Ein Jugendlicher sieht in einem Supermarkt ein kleines Mädchen, mit dem er ein Gespräch anbindet. Er hat dabei im Sinne, eine Spielkameradin zu finden. Als sie zusammen nach der Kasse nach draußen gehen, werden sie von einem Detektiv des Supermarktes abgefangen und der Junge wird befragt, warum er das kleine Mädchen angesprochen habe?

Und egal, wie solche Verhöre dann ausgehen, dass ein Angstmoment zurückbleibt ist ganz klar. Und beim nächsten Mal wird derselbe Junge dann angsterfüllt über ein Lächeln hinwegsehen, das ein kleines Mädchen ihm im Vorbeigehen zuwirft, und nicht darauf reagieren. Und so wird eine Beziehung, die Glück und Segen für beide Kinder hätte bringen können, durch die 'moralische,' persekutorische und liebesfeindliche Kultur im Keim erstickt.

Da wird argumentiert von Eltern und Erziehern, wenn sie überhaupt Antwort geben, innerhalb der Schule könnten die Kinder sich schliesslich kennenlernen, und ausserhalb sei es zu gefährlich, und so fort. Wobei es natürlich vollkommener Unsinn ist, von vornherein Gefahren zu sehen in Situationen, wo Kinder nicht potentiell überwacht sind. Ein solch hermetisches Überwachungssystem ist denn auch nicht ein Zeichen von Kinderliebe, sondern ein Signal für kulturell abgesegnete kollektive Paranoia, und das gute Funktionieren des Polizeistaates.

Ein anderes Beispiel, das ich selbst erlebt habe, spielt in einer Universitätsstaat in Georgia, USA. Da verbietet ein Universitätsprofessor seiner sechzehnjährigen Tochter den Besuch von Rockkonzerten mit dem Argument, die obszönen Texte solcher Konzerte könnten die 'Unschuld des Mädchens verletzen.' In einer Schulkonferenz wird das Problem besprochen und die überwiegende Mehrheit der Eltern ist der Meinung, er habe richtig gehandelt und Schutzgesetze seien weit und ihrem Sinn gemäß, nicht nur ihrem Wortlaut gemäß, auszulegen. Sonst sei Kinderschutz, so meinen sie, nicht effektiv zu handhaben.

Die sich so liberal glaubenden jungen Frauen und Mütter in Europa vergessen sehr häufig, dass Sittengesetze eine weit über ihren Wortlaut gehende Signalfunktion in jeder Gesellschaft haben. Sich darüber positivistisch hinwegsetzen zu wollen, indem man es einfach leugnet—um sich eine ernsthafte Auseinandersetzung mit diesen heiklen Fragen zu ersparen—ist ein Zeichen von Ignoranz und oft auch einfach Gleichgültigkeit. 'Was habe ich damit zu tun, wird gefragt?'

Sehr viel, ist meine Antwort! Sexuelle Normen und Wertungen wirken über das kollektive Unterbewusstsein bis in unsere Knochen hinein, bis in unser Fleisch und Blut.

Untersuchungen in der freiheitlichen San Diego Bay Wohngegend in Kalifornien, die zu über achtzig Prozent von Akademikern und Informatikern bestritten wird, von Menschen also mit einem weit über dem amerikanischen Durchschnitt liegenden Bildungsgrad, ergaben eine absolut erschreckende Quote von Fehlinformation über Sexualität bei Schulkindern, trotz Sexualkunde, trotz aufgeklärtem Elternhaus, trotz freier Kommunikation und trotz liberaler und bewusst nicht-repressiver Erziehung.

Der Grund? Der Einfluss eben dieses ungeschriebenen und unbewusst internalisierten Verhaltenskodexes, wie er vor allem durch Angst übermittelt wird, und die Medien, und so viele Faktoren, die man gemeinhin übersieht, wenn man Dinge nur vordergründig-rational zu beurteilen sucht.

Eine natürliche Haltung zur Sexualität kann sich niemals in einem Klima von Denunziation, Hexenjagden und moralischen Kriegen entwickeln und diese Kinder werden wahrscheinlich später unter weitaus grösseren sexuellen Spannungen und Obsessionen zu leiden haben, als ihre Urgroßeltern. Die meisten Jugendlichen in unseren westlichen Kulturen leben tatsächlich in einer Art von affektivem Ghetto zwangsgeregelter und staatlicherseits immer mehr überwachter Beziehungen mit Eltern, Lehrern und einigen wenigen Freunden, einem affektiven Friedhof, wenn man es vergleicht mit der Vielzahl von Beziehungen und der Freiheit solcher Beziehungen zum Beispiel der Jugendlichen in den meisten Ländern Afrikas, Lateinamerikas oder Südostasiens, und selbst Chinas.

Mit der Kleinfamilie und dem Zerbröckeln ländlich-bäuerlicher Sozialstrukturen wurde die mehr oder weniger ausschließliche Eltern-Kind Beziehung zum Prokrustesbett einer in früheren Zeiten vielleicht doch glücklicheren Kindheit, einer Adoleszenz, die einst vom Hauch des Abenteuers durchzogen war. Im Leben des neuzeitlichen Jugendlichen westlicher Länder ist auch das Abenteuer reglementiert, das Vergnügen überwacht, sozial abgesegnet oder eben nicht und im letzteren Falle sofort schärfstens 'zum Wohle des Kindes' unterdrückt und beseitigt.

So wird das Unkalkulierbare kalkuliert und der letzte Rest von ganzheitlichem Denken aus Kinderköpfen ausradiert, um das zu erschaffen, was offenbar das Ziel ist: das totale, gefühllose und sexlose Robotkind in der Form einer dozilen und leicht manipulierbaren Konsummaschine. Was Wunder, wenn nach solch affektiver Karenz, und solchen Tantalusqualen aus Einsamkeit, Frust und Routine Wünsche nach Traum, nach Irrationalem, und nach unmittelbar Erfahrbarem erwachen und so stark werden, dass sie für viele Jugendliche in der Heroinspritze enden oder in anderen Risiken für ihre Gesundheit, wenn nicht in der Verzweiflungstat oder ihrer Hamletschen Sublimierung in Form der Schizophrenie oder Epilepsie.

Du kannst an diesen Fakten nicht vorbeigehen, ob du es willst oder nicht. Die ödipale Kultur ist in uns, nicht nur um uns herum. Und darum ist es so schwer, die fundamentalen Verhaltensmuster, die sie uns eingeimpft hat in unserer frühen Kindheit, zu ändern.

Und die ödipale Kultur ist vor allem paradox. Sie ist doppelbödig, und lächelt wie Mona Lisa. Sie scheint Ja zu sagen zum Leben, während sie uns das Messer ins Kreuz rennt. Unsere Werbung ist voller Sex. Und Selbstwert wird nicht zuletzt auch dadurch definiert, welche Chancen man erotisch hat. Und doch tut die Gesellschaft alles, um sexuelle Autonomie des Jugendlichen im Keim zu ersticken.

Was ich sagen will, ist, dass dir nichts anderes übrig bleibt, als entweder nachzugeben oder stärker zu sein. Wenn du deine taktile Sensitivität bejahen und kultivieren willst und es ablehnst, entweder eine abgestumpfte Konsumratte oder ein hyperintellektueller Elfenbeinturmgelehrter zu werden, so hast du keine Wahl, als dich selbst, in deiner Verwundbarkeit zu affirmieren! Dann vermeidest du es tunlichst, den Charakterpanzer zu bilden, wie Wilhelm Reich es nannte, und bleibst ganz bewusst offen fürs Leben und dafür, von anderen verletzt zu werden.

Und das kannst du nur dann, wenn du das Wertsystem der ödipalen Kultur — das näher besehen ein Unwertsystem ist — voll und ganz zurückweist und es durch dein eigenes Wertsystem ersetzt.

Wie tust du das in der Praxis? Du ersetzt soziale Werte durch Seelenwerte, indem du eine Liste machst mit allen Seelenwerten, die sie bejahst und für richtig hältst.

Dann wirst du nach und nach erkennen, dass Seelenwerte oft mit sozialen Werten im Konflikt stehen, und dass du dich eben einfach entscheiden musst!

Zum Beispiel, wenn du die emotionale und sexuelle Autonomie des Kindes als Seelenwert anerkennst, siehst du sogleich dass dieser Wert nicht im Einklang ist mit den sozialen Werten, die die ödipale Gesellschaft für das Kind bejaht, einfach weil diese Gesellschaft historisch und psychologisch von der zweiten Hälfte des 17. Jahrhunderts an jede sexuelle Betätigung des Kindes als abartig, pervers oder einfach nicht existent bezeichnet.

Wie es Susanne Cho in ihrer Doktorarbeit klar nachwies, ist es kein Zufall, dass das Tabu der Kindersexualität mit der industriellen Revolution zusammen fiel, denn es existierte vordem keinesfalls.

> — Siehe Susanne Cho, Kindheit und Sexualität im Wandel der Kulturgeschichte, Eine Studie zur Bedeutung der kindlichen Sexualität unter besonderer Berücksichtigung des 17. und 20. Jahrhunderts, Zürich, 1983.

Es ist wirklich so, wie ich es ausdrücke: 'Kinderschutz ist Konsumnutz,' denn freie und emosexuell befriedigte Kinder geben schlechte Konsumroboter ab, und das ist der wirkliche Grund des Kinderschutzes, denn mit Moral hat der ganze Rummel nicht das Geringste zu tun!

Wenn du das klar erkennst, bist du weitgehend frei von der ödipalen Zucht zur Konsummaschine, und bleibst ein voller Mensch, trotz des Druckes, den die Gesellschaft auf dich ausübt weil du ein Nonkonformist bist.

Ein Jugendlicher, der seine Sexualität geachtet und anerkannt sieht, ist weniger ein Objekt der Sexualwünsche anderer, sondern in viel höherem Maß *Subjekt* einer Sexualbeziehung. Er ist wenig geneigt, eine Opferrolle zu akzeptieren und einem Engagement in der Prostitution, wenn das die Sorge mancher Reformgegner ist, denn diese Selbstachtung seiner Körperlichkeit und Sexualität wird Prostitution im Wege stehen. Ein psychisch und körperlich gesunder Jugendlicher braucht keine Leine wie ein kleiner Hund, in Form von ihn infantilisierenden

Schutzgesetzen, denn er oder sie weiß sich selbst zu schützen.

Pädagogen, Richter und Parlamentarier können zu dieser Einsicht nur gelangen, wenn es ihnen endlich gelingt, Vertrauen zu fassen in die menschliche Natur, Vertrauen auch in die Intelligenz wohlverstandener Freiheit, und nicht zuletzt Vertrauen in die natürliche Fähigkeit des Menschen für Verantwortung!

Alles, was nicht verantwortlich geregelt wird, entpuppt sich früher oder später als soziales Problem. Denn das Chaosprinzip ist immer noch weitaus intelligenter und bringt sozial gerechtere und tragbarere Lösungen hervor, als jede Art von moralistischer Schmierpolitik.

Wenn du die Forschung Ashley Montagus über Taktilität, die ich im Analyseteil dieses Essays ausführlich besprach, betrachtest, so kannst sie eigentlich keine Argumente finden gegen die Einsicht in die Notwendigkeit einer Erhöhung deiner taktilen Intelligenz und Empfindungsfähigkeit.

Dann siehst du, dass das, was du erreichen wirst durch deine Transformation zu einem sensibleren Wesen, auch der Gesellschaft letztlich zugute kommen wird. Das ist einfach so, auch wenn diese Gemeinschaft heute noch in der Mehrheit aus recht unsensiblen oder besser gesagt abgestumpften Wesen besteht, denn schliesslich waren sie alle als Babys einmal sehr feinsinnig und haben nur später dann dem Druck der ödipalen Kultur nachgegeben und einen Panzer gebildet.

VIERZEHNTES KAPITEL

SELBSTREGULIERUNG

Wenn du die vorgenannten beiden Schritte schon umfangreich genug findest, so bleibe ich da nicht stehen. Wenn auch Sexualität und Taktilität sehr wichtige Bereiche sind, so sind sie doch nur zwei von allen möglichen Lebensbereichen. Oder nicht? Wenn sie auch sozusagen hineinstrahlen in alle anderen Lebensbereiche, so ist es doch eine Tatsache, dass wir zwei Drittel des Lebens im Schlaf verbringen und achtzig Prozent der verbleibenden Zeit mit Arbeit. Für Sexualität und Taktilität bleiben also nur ein paar Prozent unserer Lebenszeit.

Das klingt wohl recht statistisch, kalt und positivistisch und ich möchte auch nicht, dass du das wörtlich nimmst. Ich möchte damit sagen, dass es eine Technik geben sollte, wie wir auch den überwiegenden Teil unserer Lebenszeit besser verbringen können, effektiver, angenehmer und intelligenter. Diese Technik gibt es in der Tat, und nicht ich habe sie erfunden, sondern die Natur selbst: es ist *Selbstregulierung*.

Schon Wilhelm Reich, aber vor allem die neuere Systemforschung haben Selbstregulierung in allen natürlichen Prozessen entdeckt. Während die traditionelle menschliche Gesellschaft alles durch Kontrolle und Zwang regelte, hat sich die Natur immer in einem freien Spiel komplementärer Kräfte selbst reguliert. Das Wetter, alle Zyklen des Lebens von seiner Entstehung bis zu seinem Ende, der Prozess von Gesundheit und Krankheit — unterliegen der Selbstregulierung. Alle diese Prozesse laufen von selbst ab, nach einer Art Programm, das die Natur dafür vorsieht und das gleichzeitig sehr einfach und sehr komplex ist. Wilhelm Reich fand ebenfalls heraus, dass unsere Emotionen der Selbstregulierung unterliegen. Nach der Wut kommt Freude. Aber wenn die Wut gewaltsam unterdrückt wird, wird sie nur noch schlimmer, weil der natürliche Mechanismus der Selbstregulierung durch das Aufstauen der Emotion blockiert wurde.

Und schließlich kennen wir Selbstregulierung von der Marktwirtschaft her. Die freie Marktwirtschaft beruht auf Selbstregulierung aller am Markt teilnehmenden Kräfte, insbesondere Angebot und Nachfrage. Alle historische Erfahrung, vor allem mit dem staatsbürokratischen kommunistischen Modell, das eine wahrhaft totale Fehlleistung war, haben gezeigt, dass es keine Alternative gibt zur Selbstregulierung im Marktgeschehen, welches Modell man auch immer für die Zukunft entwickeln mag.

Dass der Kapitalismus negative Seiten hat, ist uns allen klar, aber was daran nicht negativ ist, ist das Prinzip der Selbstregulierung, auf dem er beruht.

Nun, wenn die Natur selbst und unsere Marktwirtschaft auf Selbstregulierung beruhen, warum beruht dann unser tägliches Leben so wenig darauf?

Die Antwort ist, dass unsere traditionelle Erziehung von der Natur abgespalten ist und grundlegende natürliche Wirkprinzipien ableugnet. Daher führen die meisten Menschen Leben, die voller Stress sind, voller Konflikt und voller ungesunder Extreme. Selbstregulierung bedeutet hingegen, ein Mittelmaß zu halten zwischen den Extremen, einen Weg der Mitte zu gehen, wie es Buddha ausdrückte.

Nun, wie eingangs ausgeführt, ist dies nicht nur ein philosophisches Essay, sondern, jedenfalls auch ein praktischer Ratgeber, und daher möchte ich nun vom Allgemeinen zum Konkreten übergehen und aufzählen, wie du Selbstregulierung im Alltag anwenden kannst, um mehr im Einklang zu sein mit Deinem natürlichen Geist–Körper Kontinuum.

Ich habe dies übrigens selbst herausgefunden als Jugendlicher und mit einigem Profit angewandt seit meiner Zeit am Gymnasium. Ich schnitt immer gut und sehr gut ab in der Schule und auf der Universität, trotz der Tatsache, dass ich so gut wie nichts gearbeitet hatte, denn auf dem Gymnasium interessierten mich die Mädchen mehr als die Schulfächer, und während des Jurastudiums verbrachte ich die meiste Zeit im Konservatorium und spielte Klavier, statt die Vorlesungen über Kaufrecht oder Strafprozessrecht zu hören.

Wie also meisterte ich das Abitur, meine beiden Diplome als Volljurist, und meine Doktorarbeit im internationalen Recht in Genf? Durch Selbstregulierung meiner Arbeit und meiner gesamten Kreativität. Und so bis heute.

Hier sind die konkreten Ratschläge, die ich aus dieser nun vierzigjährigen Erfahrung geben kann.

— Gehe mit den Hühnern schlafen und stehe mit dem Krähen des Hahnes auf. Das heißt, jedenfalls vor Mitternacht zu Bett gehen und vor Sonnenaufgang aufwachen.

— Entwickele ein persönliches Meditations– und Fitnessprogramm, das dir soviel Freude macht, dass du es gerne tust jeden Morgen für 15 bis 20 Minuten. Nur ein vollkommen gesunder und natürlich biegsamer Körper ist voll und ganz selbstregulierend, und dein Geist kann nur dann vollkommen selbstregulierend arbeiten, wenn es dein Körper ebenfalls kann.

— Iß nur das, was du gerne ißt, und nur soviel davon, wie du magst. Vergiss alles, was man dir diesbezüglich beibrachte in der Kindheit. Dein Körper ist der beste Koch: er sagt dir intuitiv, was du essen solltest, und wieviel davon.

— Studiere das, und nur das, arbeite das, und nur das, was dir wirklich Freude macht! Wähle die Karriere, die dir wirklich Freude und Erfüllung bringt und in der du dein grösstes Talent vollkommen realisieren kannst, und dich voll und ganz als du selbst fühlst. Alles andere zählt nicht.

— Arbeite nur an dem, was dich im Moment fesselt und motiviert, und nur dann, wenn du Lust hast. Arbeite nur so lange, als dich die Arbeit ganz erfüllt und so lange du damit voll konzentriert bist und die Arbeit dich voll und ganz absorbiert. Wenn deine Konzentration und Motivation abnehmen, wechsele zu einem anderen Projekt über, das dich dann ganz und gar erfüllt.

— Arbeite an all deinen Projekten gleichzeitig, nicht sequentiell. Wenn die Arbeit an einem Projekt keine Freude mehr macht, arbeite an dem weiter, wonach dir der Sinn steht. So arbeitest du immer effektiv und optimal, und tust immer das, was dir Freude macht.

— Wenn ein Termin zur Vorlage einer Arbeit aussteht, habe keine Angst und vertraue auf deine Inspiration! Du wirst rechtzeitig den inneren Anstoß bekommen, das dafür zu arbeiten, was wirklich notwendig ist, und wenn es nur einen Tag vor dem Termin ist. Über achtzig Prozent dessen, was die meisten Leute für Prüfungen lernen, ist ewig für die Katz!

— Lerne, diagonal zu denken und zu arbeiten, und immer mindestens vier Tätigkeiten zur gleichen Zeit zu tun. Einfaches Beispiel. Heute morgen schreibe ich dieses Essay fertig, gleichzeitig lese ich zwei Fachbücher, studiere die dritte Händel–Suite auf dem Klavier und bringe Ordnung in meine CD–Sammlung.

— Entwickele einen Sinn für Effektivität in allem, was du tust, und sei es die banalste Sache, wie Zimmer auskehren, Geschirr spülen, Toilette putzen, Keller aufräumen oder Müll bündeln und wegbringen, und tue alles, was du tust, so gut, wie du es nur irgend kannst, und mit

Freude. Wenn es dir lästig ist, höre sofort damit auf und tue etwas anderes.

Klage über nichts! Keine Arbeit ist dumm oder lästig, denn bei allem lernen wir.

Was ist eigentlich wirklich Effektivität? Es ist angewandte Selbstregulierung.

— Bringe Seele in alles, was du tust! Das bedeutet, dass du Freude empfindest, wenn du so handelst.

Es heißt darüber hinaus, dass du ein Gefühl bekommst für die Vitalenergie, die in dir strömt, und dich umgibt. Wenn du beginnst, sie zu spüren, wirst du feststellen, dass wenn du mit Seele handelst, die Energie in dir und um dich herum viel höher ist! Dein Körper ist dann typischerweise durchflutet von warmer Energie und fühlt sich sehr lebendig an.

—Wenn du alles, was du tust, mit Seele tust, hast du Freude dabei, und was du tust wird gelingen, und zwar brillant gelingen, mit einer Perfektion, die du vorher nicht für möglich gehalten hättest.

Ich kann aus Erfahrung sagen, dass es gar so ist, dass du dich gewöhnen wirst daran, wenn du es nur ein einziges Mal wirklich erlebt hast, und dann wirst du eine heilige Abscheu haben, Dinge mittelmäßig zu tun! Du wirst dann nämlich alles perfekt tun wollen, aber nicht perfekt im Sinne einer harten, mechanischen Perfektion und eines harten Arbeitens.

Nein, im Sinne einer spielerischen Leichtigkeit, die einfach immer das Beste hervorbringt. Das ist so, weil unsere Seele oder unser höheres Selbst verbunden ist mit dem ganzen Kosmos und allen Energien darin und es die anzapft, die es braucht, um uns zu helfen bei unseren Aufgaben.

— Tue nur das, was sich gut anfühlt für dich! Ohne jeden Moralismus meine ich damit, dass wir nur das tun sollten, was uns ethisch als gut und nobel erscheint. Wenn du ein kribbelndes Unbehagen spürst in der Magengrube oder einen Druck im Herzen oder ein Angstgefühl im Unterbauch, jedes Mal, wenn du etwas Bestimmtes tust, dann tue es nicht und lege das Projekt beiseite. Und, natürlich, wenn einige der Ratschläge, die ich hier für dich niederkritzelte, in Widerspruch treten mit deiner eigenen Selbstregulierungsfunktion, so sei dir bewusst, dass das normal ist. Nimm dies dann zum Anlass, deine eigenen Routinen zu entwickeln und achte immer darauf, dass man nichts regelmässig tun sollte, was in mechanisches Handeln ausartet.

— Es gibt Entwicklungsprozesse, die Regelmäßigkeit und Training erfordern. Wenn du im Bereich Fremdsprachen, im Sport, in asiatischer Kampfkunst oder in der Vorführung von Musik oder Theater etwas erreichen möchtest, musst du regelmäßig üben. Aber auch dafür gilt, was ich vorher sagte, nämlich wenn du dieses Üben mit Seele tust, wirst du weniger Übungsstunden brauchen, und das Endresultat wird besser sein als bloß mittelmässig.

Selbstregulierung ist fantastisch, weil man immer das tut, was man gern tut zu einem bestimmten Zeitpunkt; daher tut man es eben auch optimal und effektiv.

Ich bin überzeugt, dass, wenn nur dreißig Prozent der Weltbevölkerung diesem Prinzip folgten, sich das Welteinkommen durch eine Verzehnfachung der Effektivität aller Arbeitsprozesse explosionsartig erhöhen würde. Darüber hinaus würde sich ergeben, dass die meisten Menschen weitaus glücklicher und friedlicher wären, und damit wäre dem Weltfrieden dann auch gedient!

Bis heute ist es nur in einigen wenigen Berufen möglich, selbstregulierend zu arbeiten, wie zum Beispiel als freischaffender Künstler oder als Schriftsteller, und das ist so, weil unsere Volkswirtschaft zwar begriffen hat, dass der Markt Selbstregulierung braucht, nicht aber, dass die am Markt Beteiligten dasselbe benötigen …

NACHWORT

WEGE ZUM WELTFRIEDEN

Große Weise wie Krishnamurti oder Maharshi, und vor ihnen bereits Buddha, haben aufgezeigt, dass der Weg zum kollektiven Frieden nur in zweiter Linie auf politischer Strategie beruht.

In erster Linie, so konkordieren diese Lehren, kommt es darauf an, dass immer mehr Menschen in ihrem Innenleben, und ihrem sozialen und beruflichen Wirkungsbereich Frieden schaffen, und Wege der konfliktfreien Kommunikation finden. Dazu gehört auch die friedliche Beilegung von Streitigkeiten, also die Art und Weise, wie man mit zwischenmenschlichen Konflikten fertig wird.

Psychologisch ist es so, dass unser äußeres Leben immer und regelmäßig unsere innere Einstellung spiegelt. Jemand, der sich selbst 'der größte Feind' ist, wird auch im äußeren Leben und in der sozialen Interaktion kein angenehmer Zeitgenosse sein. Das ist der wahre Grund, warum die großen Pharisäer und Moralisten aller

Zeiten immer schlechte soziale Strategen waren. Das ist so, weil der Mensch einfach von Natur aus Harmonie sucht und in Harmonie besser wächst und gedeiht, als in Spannung und Disharmonie.

So ist es auch auf der politischen Ebene. Ein Führer wird dann wirklich geliebt von den Massen, wenn er auf soziale Gegebenheiten Rücksicht nimmt und sie zu verbessern sucht, nicht, wenn er sie zerstört durch Gewalt und Chaos. Wenn auch die Massen oft aus Angst den falschen Führern folgen, so bedeutet dies nicht, dass sie dieselben Führer gewählt hätten, wären sie angstfrei gewesen und hätte es eine politische Alternative gegeben.

Für den Weltfrieden ist daher unbedingt notwendig, dass das *moralische Weltbild*, das Nietzsche mit dem Beginn des Christentums einsetzen ließ, welches aber keinesfalls von Jesus von Nazareth gelehrt wurde, ein Ende nimmt. Dies ist so, weil Menschen, die Moralismen folgen, in einen inneren Konflikt geraten, aus welchem es keinen anderen Ausweg gibt, als Gewalt und immerzu stärkere Gewalt gegen sich selbst anzuwenden, und dann auch gegen andere. Gewalt beginnt immer im Inneren, und wird dann nach aussen projiziert—nicht umgekehrt.

Warum ist das so, möchte man fragen? Das ist so, weil die psychische Struktur des Menschen Frieden und Harmonie wesentlich benötigt zu ihrer kreativen Entfaltung. Wir sind als Menschen vibratorische Wesen in einem vibratorischen Kosmos. Alles ist Vibration und wir können auf dem Gefühlsniveau und dem Seelenniveau nur dann funktionieren, wenn diese Vibrationen, in welchen wir schwingen, harmonisch sind. Kein Mensch kann in einem Terrorsystem kreativ sein.

Im Mittelalter gab es keine individuelle Kunst, sondern kollektiver Zwang zur freiwilligen Teilnahme an monumentalen Projekten zur Verherrlichung der Kirche und ihrer Macht. Im dritten Reich war es ebenso, nur war die Terminologie eine andere.

Wahre Kreativität erfordert innere Freiheit; innere Freiheit ist aber nur möglich, wenn ein kontinuierliches Gefühl der Sicherheit besteht. Dieses Gefühl der Sicherheit kann nicht aufkommen, wenn der Bürger von allen Seiten bespitzelt, abgehorcht und poliziert wird von Geheimdiensten und Kinderschutz-Organisationen, wie es heute (wieder) der Fall ist.

Weltfrieden ist also in erster Linie eine Funktion von innerem Frieden, den eine möglichst grosse Zahl von Weltbürgern für ihr eigenes Leben realisieren können und wollen.

Von daher ist Eigenliebe die erste Tugend, und Nächstenliebe erst die zweite, denn ohne sich selbst zu lieben, ist es unmöglich, andere liebend zu umarmen. Da aber alle Moralen der Welt das genaue Gegenteil predigen, sind sie am Chaos der Gewalt überall in der Welt maßgeblich beteiligt.

So ist denn der erste Schritt zum Frieden, metaphorisch ausgedrückt der letzte Schritt zur Kirche; anders gesagt, der erste Schritt zur wahren *Religion* ist der letzte Schritt in die Scheinreligion. Diese wahre Religion beginnt bei uns selbst, nicht beim anderen, aber sie endet nicht da; es ist die Union mit unserer verlorenen Seele und die Vereinigung mit unserem höheren Selbst, unserem wahren Führer.

www.ingramcontent.com/pod-product-compliance
Lightning Source LLC
Chambersburg PA
CBHW051259250726
48656CB00004B/1374